40

1978-2018

改革开放 *40* 年
深圳建设成就巡礼
杰出人物篇

主编 张一莉

中国建筑工业出版社

《改革开放 40 年深圳建设成就巡礼—杰出人物篇》
编委会

专家委员会顾问：何镜堂

专家委员会主任：孟建民

专家委员会：陈　雄　陈宜言　何　昉　林　毅　刘琼祥

编委会主任：孙　楠　艾志刚

副主任：陈邦贤　张一莉　赵嗣明

主编：张一莉

编委：黄晓东　王晓东　林　毅　杨为众　林彬海　李朝晖

　　　唐志华　唐　谦　叶　枫　谢　芳　黄　河　刘　战

　　　林建军　蔡　明　韦　真　于天赤　徐金荣　牟中辉

　　　李志毅　千　茜　夏　媛　俞　伟

指导单位：深圳市科学技术协会

　　　　　深圳福田区企业发展服务中心

主编单位：深圳市注册建筑师协会

特邀编审单位：华南理工大学建筑设计研究院

　　　　　　　广东省建筑设计研究院

参编单位（按参编报名顺序）：

1. 深圳市建筑设计研究总院有限公司

2. 深圳华森建筑与工程设计顾问有限公司

3. 香港华艺设计顾问（深圳）有限公司

4. 筑博设计股份有限公司

5. 深圳市清华苑建筑与规划设计研究有限公司

6. 深圳市机械院建筑设计有限公司

7. 深圳市华阳国际工程设计股份有限公司

8. 深圳市市政设计研究院有限公司

9. 深圳市北林苑景观及建筑规划设计院有限公司

10. 悉地国际设计顾问（深圳）有限公司

11. 北建院建筑设计（深圳）有限公司

12. 中国建筑东北设计研究院有限公司深圳分公司

13. 深圳市欧博工程设计顾问有限公司

14. 深圳艺洲建筑工程设计有限公司

15. 深圳市东大国际工程设计有限公司

16. 建学建筑与工程设计所有限公司深圳分公司

17. 中外建工程设计与顾问有限公司深圳分公司

18. 深圳市华汇设计有限公司

19. 深圳大地创想建筑景观规划设计有限公司

20. 深圳媚道风景园林与城市规划设计院有限公司

21. 深圳和华国际工程与设计有限公司

书稿收集：深圳注册建筑师协会秘书处 蔡峰

序 一

在时间的长河中，四十年极其之短，短到可以用白驹过隙来形容；但对于一段具体历史、一片具体地域、一个具体个人而言，四十年又是如此之长，长到可以感受到沧海桑田；它可以让一个呱呱坠地的婴儿成为最年富力强的壮年，让一个曾经的青年成为耄耋老者；可以让一块曾经贫瘠如洗的土地，在世事变幻中成为一片热土，继而成其为沃土，进而成就这片土地上的城市奇迹——深圳奇迹——这是深圳改革开放的四十年，也是让世界见证深圳的四十年！

设想一下，让一个在深圳刚刚建市时代的年轻人，彻底离开这里，然后，在四十年后的今天，他再度来到这里，他会怎样惊讶于这里已经换却的人间：那座小小的县城荡然无存，曾经的土路已然不见踪影；眼前鳞次栉比、高楼林立的城市面貌，纵横交错、密如蛛网的交通体系，芳草萋萋、绿树如茵的市内环境，再加上闪烁的霓虹、如织的人流，这一座宜居的花园之城、创新设计之都，哪一处可以寻觅当年的模样？

当然，这样的场景只是一个普通外来者对深圳这座城市的初步印象。而作为一个自 1983 年设计深圳科学馆以来就深耕于此的专业建筑师，又有哪些更加深入的感受呢？

——这里有最为齐全的建筑门类，无论公共建筑还是商业建筑，每一次都是引领风气之先，在深圳建成并迅速推广至全国；万科城市花园、坂田四季花城等住宅楼盘，在中国商品住宅起步阶段即成为全国住宅开发、设计的学习榜样；

——这里的高层和超高层建筑领潮流之先，从京基 100 到平安金融中心，"深圳高度"和"深圳速度"让人侧目，而今天的深圳质量也将让人们引以为傲；

……

无论用什么样的溢美之词来形容深圳改革开放四十年的成就都不过分。而《改革开放 40 年深圳建设成就巡礼系列丛书》努力的方向是：既内涵一个普通市民的城市感受，又容纳专业建筑师的观察和思考。丛书分建设成果篇、城市设计篇、杰出人物篇三卷，内容深入广泛，既有涉及全门类建筑的内容，也有对建筑师个人的具体呈现，它在记录深圳建筑历史、突出成就的同时，传递了深圳这座年轻的城市的内在脉动和生命活力，它在进行专业的建筑分类以便更为全面地收录相关建筑成就，在记录每一个建筑师为这座城市的美好未来而作出的不懈努力（当然，也包括他们为其他城市的建设而作出的努力）的同时，也让人们可以清晰地去辨认这个城市成长的每一步足迹，感受这座城市改革开放时代以来勃然而兴、沛然生长的律动。

客观上，《改革开放 40 年深圳建设成就巡礼系列丛书》也为观察和思考未来深圳的发展提供了资料和基础。当我们从这个角度去记录、去思考深圳建筑四十年的发展成就的时候，我们就拥有了更为广阔的、穿越时间和地域障碍的视野，同时也具备了更深刻的历史和文化之维。

一座城市的良性的可持续发展和整体发展，离不开对历史的传承与发扬，离不开对自己城市发展的独特地域性、文化性和时代性的持续思考与发掘。我个人的建筑设计思想是建筑必须具有整体观和可持续发展观。建筑必须是一个整体，没有一个整体就全乱了；可持续发展就是既满足现在的要求，又能够适应将来的发展。我也强调建筑创作要体现地域性、文化性和时代性：地域性就是指建筑要跟当地的环境、气候和当地的文化遗迹、自然方式等相融，文化性是说建筑不单要满足物质功能的要求，还要给人精神上的享受，即要精神内涵高品位的建筑；时代性是说建筑必须反映这个时代，反映这个时代的物质条件、精神和审美观，与这个时代的材料、技术相适应。这既是我的建筑思想，也是我的创作方法。

从这个角度来看改革开放以来深圳建筑四十年的飞速发展，不难发现，深圳的建筑设计已经融入了世界建筑的发展，吸收了当前最为先进的设计思想，但我们还面临着一个更为艰巨的任务，就是在新的时代，围绕经济特区、粤港澳大湾区、"一带一路"交通枢纽和全球科技产业创新中心等建设任务，保续自己的文化根基与生命力，锻造自身的文化自信和文化价值，进而召唤整个民族和国家的文化之魂。这是深圳未来建筑发展的宏伟历史使命，也是深圳建筑发展的真正机遇与希望！

何镜堂

中国工程院院士

序 二

一路风雨兼程，我国改革开放已经走过 40 年的历程。在党的领导下，深圳秉承改革不停顿、开放不止步的开拓精神，不断锐意革新、创新发展，从一个默默无闻的小渔村发展为高楼林立、绿色宜居、具有强大竞争力的国际化创新型大都市和花园之城。深圳的沧桑巨变，源自我国改革开放的伟大抉择，更是改革开放金色成就的精彩缩影和生动体现。

再回首，"春天的故事"可以追溯到 40 年前。波澜壮阔的改革开放潮起南粤大地，第一个经济特区——深圳，在这里创办。时光飞逝，今天的深圳已实现蜕变、涅槃而生。站在深圳看深圳，这是沧海桑田的巨变。站在全国看深圳，这是快速崛起的典范。站在世界看深圳，这是不可思议的传奇。

从追赶时代到引领时代，深圳发展的每一步，都凝聚了一代又一代特区建设者的心血和付出。在改革开放 40 年之际，在深圳市住房和建设局指导下，我们编撰了《改革开放 40 年深圳建设成就巡礼系列丛书》，记录城市建设者们的成就与功绩，希望通过建设成果巡礼的方式向默默奉献的建设者们致敬：深圳不会忘记你们——城市的栋梁！

编撰《改革开放 40 年深圳建设成就巡礼系列丛书》是一项开拓性的工作，既强调设计理论的提升与创新，又要记载历史、突出成就，其内容涉及范围广泛，既有公共建筑、商业综合体、居住区与住宅、医疗建筑、教育建筑、高科技园区、交通建筑、会展中心与口岸建筑、超高层建筑等，又有城市设计和城市更新、风景园林与海绵城市、公园绿地、市政工程、绿色建筑、装配式建筑、未来建筑和外地建筑等。

40 年，从国贸大厦到地王大厦，"深圳速度"不断自我超越；从京基 100 到平安金融中心，"深圳高度"屡屡自我刷新；从"中国电子第一街"华强北，到"世界级旅游度假区"华侨城，再到城市坐标轴深南大道，一张张深圳名片享誉全国。

不负新时代，勇担新使命，重整行装再出发。2018 年是贯彻党的"十九大"精神的开局之年，是改革开放 40 周年，是决胜全面建成小康社会、实施"十三五"规划承上启下的关键一年。深圳建筑设计行业是时代的先锋，肩负着城市建设的重任，始终要坚持世界眼光、国际标准、中国特色、高点定位，不断调整优化城市规划，设计和空间布局，统筹地上地下空间综合开发利用，加快重点片区建设，努力营造以人为本的城市公共空间，着力打造产城融合、城海交融、人文相映的现代化城市。创新规划管理体制机制，全面推进"多规合一"。制定高标准的市政基础设施、园林绿化、景观照明技术标准和设计导则，加强对城市天际线、城市色彩、建筑立面的规划管理，高起点规划建设前海、深圳湾、香蜜湖、大空港、大运新城等"城市新客厅"，不断提升城市的品位、品质和能级。

开启新征程，铸造改革开放再出发的新"深圳奇迹"。 在新时代中国特色社会主义伟大实践和同心共筑中国梦的伟大征程中，凸显"深圳力量"，打造"深圳标杆"，谱写"深圳华章"，作出"深圳贡献"。打造一流智慧城市，出台新型智慧城市建设总体规划和工作方案，努力实现"科技让城市更美好"；推进基础设施建设大提速，以建设枢纽城市为目标，加快打造国际航空枢纽、国家铁路枢纽、世界级集装箱航运枢纽和区域城际轨道交通枢纽；对标国际先进城市，注重运用法规制度标准管理城市，构建权责明晰、服务为先、管理规范、执法严明的城市管理体系，努力让城市更有序、更安全；高水平规划建设改革开放博物馆、国际交流中心等标志性设施，加快国际会展中心建设；细化城市管理的法规规章，修改和完善房建、物业、地下空间、垃圾处理等管理办法，力求城市管理各个领域都有法可依；着力打造安全城市，坚持以制度管安全、用技术防风险，完善应急预案，提高防灾减灾能力，牢牢守住安全底线；加强各类安全治理，建成房屋安全隐患排查整治和公共安全风险分级管理体系，强化重点风险源管控，坚决防范重特大事故；深入践行绿色发展理念，争创国家生态文明示范市，努力让城市回归自然、回归生态，率先打造人与自然和谐共生的美丽中国典范；实施绿化提质工程，提升园林绿化品质和公园服务功能，推进城市主干道和主要进出口景观创建；持续开展打造"世界著名花城"三年行动计划，加快创建国家森林城市，努力实现城市在花园中、花园在城市中。

深圳建设者们整装再出发，奋勇踏上光辉的新征程，创造出优异业绩，不负新时代赋予深圳的使命担当，不负党和人民重托！

孟建民

中国工程院院士

目 录

序一（何镜堂）

序二（孟建民）

一、领军人物　　/010

二、深圳杰出建筑师　　/132

三、深圳杰出风景园林师　　/390

编后记

40
1978-2018

一、领军人物

1 何镜堂　　　院士，华南理工大学建筑设计研究院　/012

2 孟建民　　　院士，深圳市建筑设计研究总院有限公司　/016

3 陈世民　　　全国工程勘察设计大师　/022

4 陈　雄　　　全国工程勘察设计大师，广东省建筑设计研究院　/026

5 陈宜言　　　全国工程勘察设计大师，深圳市市政设计研究院有限公司　/032

6 何　昉　　　全国工程勘察设计大师，深圳媚道风景园林与城市规划设计院有限公司　/036

7 林　毅　　　广东省工程勘察设计大师，香港华艺设计顾问（深圳）有限公司　/042

8 刘琼祥　　　广东省工程勘察设计大师，深圳市建筑设计研究总院有限公司　/048

9 艾志刚　　　会长，深圳市注册建筑师协会，深圳大学 CA 建筑工作室
　　　　　　　主持人　/054

10 赵春山　　　党委书记、董事长，深圳华森建筑与工程设计顾问
　　　　　　　有限公司　/058

11 杨为众　　　首席技术官 CTO，筑博设计股份有限公司　/062

12 张大明　　　董事、副总经理，深圳华森建筑与工程设计顾问有限公司　/066

13 梁鸿文　　　董事、顾问总建筑师，深圳市清华苑建筑与规划设
　　　　　　　计研究有限公司　/070

14 全松旺　　　董事长兼总经理，深圳市机械院建筑设计有限公司　/074

15 唐崇武　　　董事长，深圳市华阳国际工程设计股份有限公司　/078

16 叶　枫　　　总经理，深圳市北林苑景观及建筑规划设计院有限公司　/082

17 庄　葵　　　联席总裁，悉地国际集团　/086

18 任炳文　　　深圳分院院长，中国建筑东北设计研究院有限公司深圳分公司　/090

19 刘　战　　　总建筑师，中国建筑东北设计研究院有限公司　/090

20 冯越强　　　董事长，深圳市欧博工程设计顾问有限公司　/098

21 林建军　　　总经理，深圳市欧博工程设计顾问有限公司　/102

22 蔡　明　　　董事长，深圳艺洲建筑工程设计有限公司　/106

23 满　志　　　董事长，深圳市东大国际工程设计有限公司　/110

24 于天赤　　　董事、总建筑师，建学建筑与工程设计所有限公司
　　　　　　　深圳分公司　/114

25 徐金荣　　　董事、总建筑师，中外建工程设计与顾问有限公司
　　　　　　　深圳分公司　/118

26 肖　诚　　　董事长，深圳市华汇设计有限公司　/124

27 袁俊峰　　　联合创始人、首席创意官，深圳大地创想建筑景观
　　　　　　　规划设计有限公司　/128

何镜堂

中国工程院院士

华南理工大学建筑设计研究院董事长

国家特许一级注册建筑师

中国建筑学会副理事长

国务院学位委员会学科评议组成员

中国建筑学会教育建筑学术委员会主任

广东省科协副主席

广东省东莞市人，建筑学家，中国工程院院士。1938 年 4 月 2 日生于广东东莞，1965 年华南理工大学（原华南工学院）建筑学研究生毕业，现任华南理工大学建筑学院名誉院长，建筑设计研究院董事长，教授，博士生导师，总建筑师。兼任国家教育建筑专家委员会主任，亚热带建筑科学国家重点实验室学术委员会主任，全国第九、第十届政协委员。

他长期从事建筑设计、教学和研究工作，创立"两观三性"建筑论，坚持中国特色创作道路，探索出产、学、研三结合发展模式，主持设计了一大批在国内外有较大影响的优秀作品，先后获国家和省部级优秀设计一、二等奖 100 多项，在"建筑学报"发表学术论文五十余篇，共培养博士、博士后八十余名。何镜堂曾先后受邀在哈佛大学、米兰理工大学、威尼斯建筑学院、奥克兰大学等以及美国、英国、意大利、西班牙等国家和地区进行专业学术讲座。

他尤善长文化、博览建筑和校园规划及建筑设计，主持设计了 2010 年上海世博会中国馆、侵华日军南京大屠杀遇难同胞纪念馆扩建工程、大厂民族宫、胜利纪念馆、侵华日军 731 部队罪证纪念馆、映秀震中纪念地、天津博物馆、钱学森纪念馆、南京明清城墙博物馆、西汉南越王墓博物馆、重庆理工大学、澳门大学横琴新校区、中山大学深圳分校和珠海凤凰山景观塔等一大批精品工程。1994 年获中国工程设计大师称号，1999 年入选中国工程院院士。自 2001 年以来先后获首届"梁思成建筑奖""十佳具行业影响力人物大奖""国际设计艺术终身成就奖""中国工程院光华工程科技奖"和"广东省科技突出贡献奖"。其主持的建筑教育以及人才培养模式的探索更是荣获中国学位与研究生教育学会研究生教育成果奖一等奖。在中国建筑学会国庆 60 周年建筑创作大奖评选中，以 13 项作品获奖成为新中国成立后获奖最多的建筑师。2016 年 10 月，何镜堂受威尼斯建筑学院邀请在其展厅成功举办了"地域性、文化性、时代性——为激变中的中国而设计"的作品展，展览回到国内后先后在同济大学、北京大学、哈尔滨工业大学、西南交通大学等高校以及广州市城市规划展览馆展开巡展，取得了国内外广泛的影响和一致的好评。

深圳科学馆外观

深圳科学馆入口

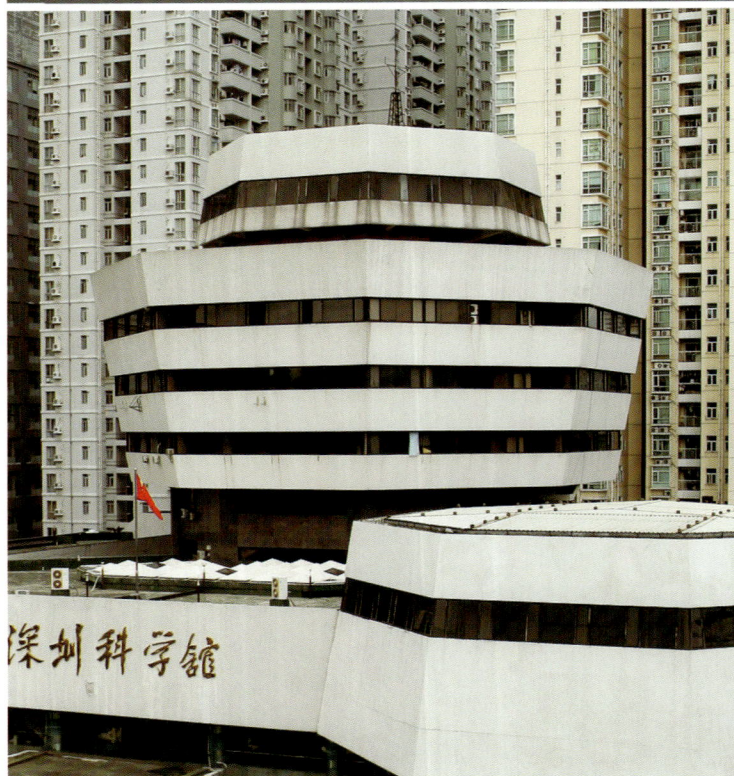

深圳科学馆

深圳科学馆

孟建民

中国工程院院士
全国建筑设计大师
深圳市建筑设计研究总院有限公司董事长、总建筑师

深圳大学特聘教授
澳门城市大学特聘教授
中国建筑学会副理事长

中国建筑学会建筑师分会副理事长
深圳市专家人才联合会会长
兼任东南大学、华南理工大学、深圳大学等高校教授
先后被授予全国建筑设计大师称号、梁思成建筑奖、光华龙腾奖中国设计贡献奖金奖、南粤百杰人才奖等

长期从事建筑设计及其理论研究工作。主持设计的项目超过 200 项，共获各类专业奖项 80 余项。代表作有：合肥渡江战役纪念馆（获中国建筑学会建筑创作金奖、全国优秀工程勘察设计行业奖一等奖）、玉树地震遗址纪念馆（获中国建筑学会建筑创作金奖、世界华人建筑师协会金奖）、深圳基督教堂（获建设部优秀设计奖）、香港大学深圳医院（获全国优秀工程勘察设计行业奖一等奖、十一五规划全国优秀医院建筑设计奖）、安徽医科大学第二附属医院（获中国建筑学会建筑创作金奖）、张家港市第一人民医院（获全国优秀工程勘察设计行业奖三等奖）、云天化总部办公大楼（获中国建筑学会全国 60 周年创作大奖）、合肥政务中心办公楼（获国家优秀设计银奖）、深港西部通道口岸旅检大楼（获全国优秀工程勘察设计行业奖二等奖）等。

建筑理论研究方面，在全国各专业刊物上发表相关学术论文近 60 篇，著有《本原设计》《新医疗建筑的创作与实践》《城市中间结构形态研究》等学术著作，主编《失重》《建筑设计技术细则与措施》《建筑设计技术手册》等学术技术书籍。近年来关注保障性住房研究与建设，合作主编《深圳市保障性住房政策标准、配套建设与居住空间高效利用研究》、《深圳市保障性住房模块化、工业化、BIM 技术应用与成本控制研究》等一系列专题书籍。担任 2016 年度国家重点研发计划专项项目"目标和效果导向的绿色建筑设计新方法及工具"的项目负责人。作为深圳大学特聘教授、华南理工大学硕士研究生导师和东南大学博士生导师，指导硕士研究生 27 名，博士生 4 名。

通过总结多年来的实践与思考，以及对行业乱象的观察与反思，针对近年来我国建筑设计领域存在的比较严重的理论与实践相脱节、中国传统文脉与当代文化相脱节、脱离功用、偏重形式、故弄玄虚等现象与问题，创建性提出了"本原设计"理论，将其定义为：以"全方位人文关怀"为核心理念，实现"建筑服务于人"的设计思想。并以"健康、高效、人文"来重新诠释建筑的当代属性，系统性建构了"全方位思考、全过程统合、全专业协同"的"三全方法论"，为工程实践提供了一套有效方法和路径，具有系统性实施的可操作性。

1997 年以来，先后被评为省、市劳动模范，获国务院及深圳市政府特殊津贴。2006 年获全国工程勘察设计大师称号，2014 年获第七届梁思成建筑奖，2015 年获广东省特支计划南粤百杰人才奖，同年当选中国工程院院士，2017 年获光华龙腾奖中国设计贡献奖金奖。

玉树地震遗址纪念馆

渡江战役纪念馆

香港大学深圳医院

深港西部通道口岸旅检大楼

合肥政务文化中心

安徽医科大学第二附属医院

云天化集团总部

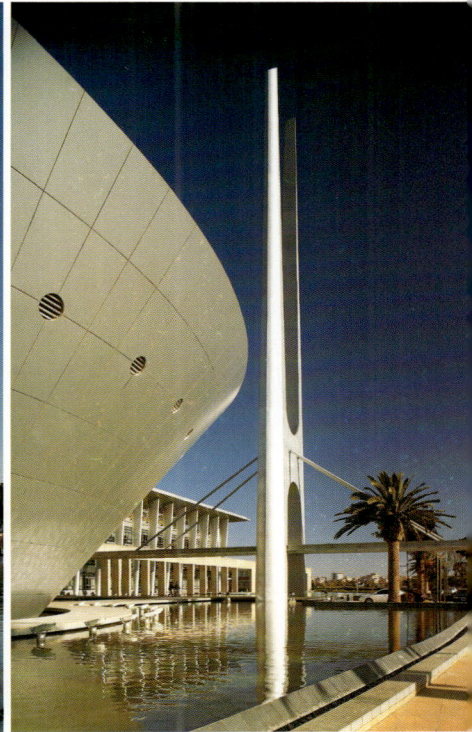

深圳市基督教堂

陈世民（1935～2015年）

1954年毕业于重庆建筑工程学院，继1994年获中国建筑设计大师称号后，先后成为香港建筑师学会会员、澳大利亚皇家建筑师学会一级会员、英国皇家建筑师学会会员，曾担任深圳市城市规划委员会顾问委员，中国建筑学会理事、中国勘察设计协会民营分会常务副会长、全国工商联房地产商会副会长、全国房地产设计联盟首届CEO。曾被评为"首届精瑞住宅科学技术奖住宅产业领军人物"、"2004年全国十大建设科技人物"、"2007年国际住宅协会颁发的绿色建筑杰出推动人物"，并荣获"CIHAF 2007中国设计行业终身成就奖"、2009年中国勘察设计协会颁发的"全国十佳现代管理企业家"大奖。

陈世民先生不仅始终坚持在第一线从事设计，而且活跃在改革开放的前沿，在设计理论及设计实践和经营管理方面都有所成就。

陈世民先生先后参与及主持设计项目260多项，获得奖项70多个，包括国家科技进步奖二等奖、国家银质奖、国家精瑞住宅科学技术奖金奖、全国民营设计企业优秀工程设计"华彩奖"金奖、中华建筑金石奖。其代表作品有：深圳南海酒店、深圳火车站、深圳赛格广场、深圳发展银行大厦、深圳麒麟山庄、武汉东湖宾馆、蒙特利尔枫华苑酒店、中央党校综合教学楼、中国建筑文化中心、TCL工业研究院大厦、广州汇美大厦、深圳诺德中心、天津营口道地铁广场、重庆珊瑚水岸、东莞森林湖、长春中信城、南澳世纪海景花园等。

陈世民先生通过多年设计实践总结出 "环境、空间、文化、效益"的综合设计理念，提出"环境论"，主张开发"第五代生态文化型住宅"。先后出版个人专著《时代·空间》《CHEN SHIMIN》、《立意·空间》及《写·忆·空间》，发行于国内外并深受好评。

陈世民先生以深圳为基地，以香港为窗口，成功地参与组建了三家设计企业：香港华森建筑与设计顾问公司、香港华艺设计顾问有限公司、深圳市陈世民建筑师事务所，成为中国建筑设计体制改革不同时期的产物。陈世民先生既是一位能从事建筑设计的大师，又是一位能负责经营管理的企业家。

通过多年实践，陈世民大师将"环境"、"空间"、"文化"与"效益"四要素作为设计构思的出发点亦是评价自身设计成果的标准。这一理念其实是对适用、经济、美观的新演绎，因为环境与空间是当今适用的主要内容，文化将提升美观的评价标准，效益则将经济的含义扩大为适用的、社会的、经济的综合效益观，而不单是经济的节省。

环境

当今的时代是环境的时代，创新环境，寻求人与自然共生、人与自然和谐发展、人与社会资源的有效共享是环境的主题。

建筑依据环境而生，环境因新建筑出现而得到改善与创新。

建筑师需要具有扩大的、综合的环境观，这是时代的需要。

通过综合地分析项目所在地域的自然的、地理的、经济的、人文的、交通的、建筑的以及施工的各种环境因素，积极利用其中有利的成分为人们创造良好、舒适的工作与生活环境，妥善使用良好的环境资源应成为建筑创作的目的。

空间

空间，是构成建筑的核心。

建筑布局其实是空间布局，建筑形体乃是建筑空间组合的结果。

把建筑创作思维从两维转化为三维，把单纯的平面设计转化为空间的序列组合，为的是一方面有效地发挥建筑的使用功能，使人感到行为有效，适合所求；一方面整体地发挥建筑空间的感染力，使人感到舒适、亲切；此外，则是为了有效地使用各种资源。空间组合有效，资源才能利用有效。

寻求新的空间组合是建筑创新的基础。

文化

文化，在建筑中体现的是工程科技与造型艺术的结合。

单纯讲建筑"美观"、"风格"亦尚概括不了建筑应有的文化特质。

人们对建筑美观与否的评价是以自身的文化背景和对某种文化的追求为基础的，根本难于众说一致，但是都需要有一种建筑的文化观。这就是：建筑文化是社会的主要组成部分，具有强烈的时代性与民族性，并与一个地区的历史、文化、技术传统根连一起。经济走向现代化、国际一体化，建筑文化更应走向地域化与民族化。

在通过引进外国建筑文化来丰富本国建筑文化的同时，发掘自身传统文化加以改进对丰富建筑文化同样重要，在当今社会同样值得提倡。因此，在实现现代化的过程中，建筑文化不是全盘西化、欧化，而是需要"洋为中用"，加以集优化。

效益

效益，是一切建筑创作体现的最终结果。真正的现代建筑是能体现我们时代的精神——效率与效益的建筑。

效益应包括经济效益、社会效益、使用效益等几个层面，偏重于任何一面都是不行的，需要有综合的效益观。

具备商品特征的建筑无疑首先要讲求开发成本与经济回报的效益关系，但是同时亦不可忽视投入与产出的相互效应关系。

建筑师往往需要在消费者注重的使用效益、管理部门注重的社会效益以及投资者注重的经济效益之间寻求平衡与对接点，从而实现自己的创作理想。

环境、空间、文化、效益四项要素相互关联，不可分割，是建筑的功能与艺术、技术与经济互为结合的关系。效益需要通过环境、空间与文化要素来具体发挥作用，而环境、空间、文化亦唯有经过效益方能反映出结果。

深圳赛格广场
建筑面积：175,000m²
设计时间：1995

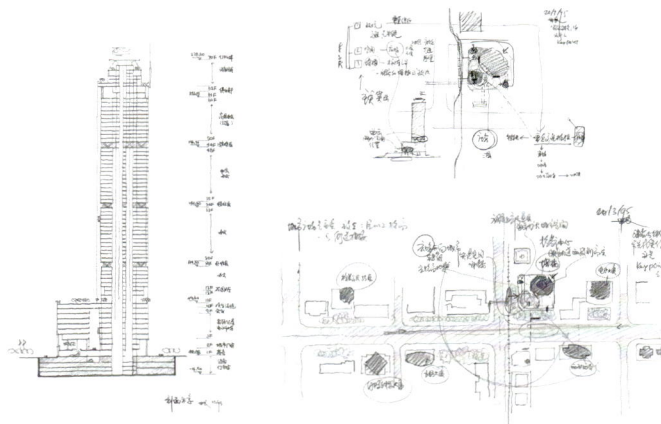

深圳诺德中心
建筑面积：70,000m²
设计时间：2003

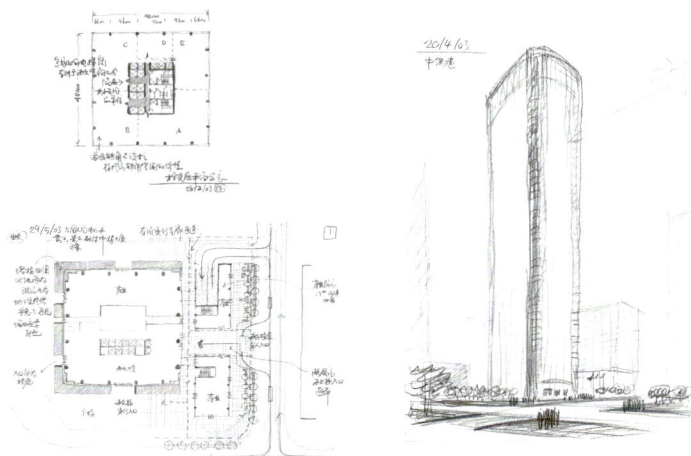

深圳麒麟苑
建筑面积：22,604m²
设计时间：2010

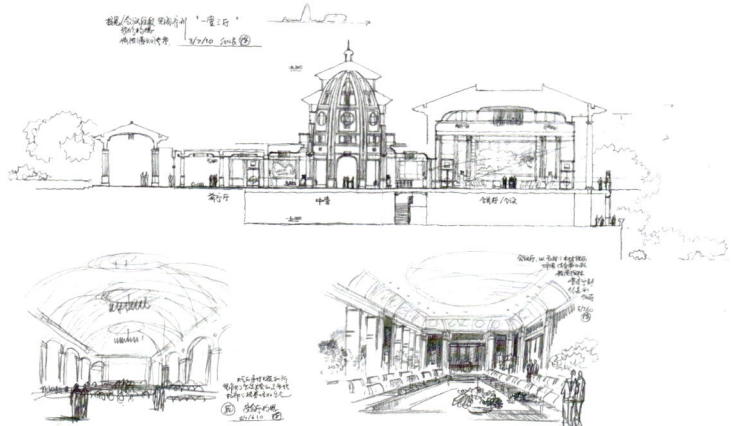

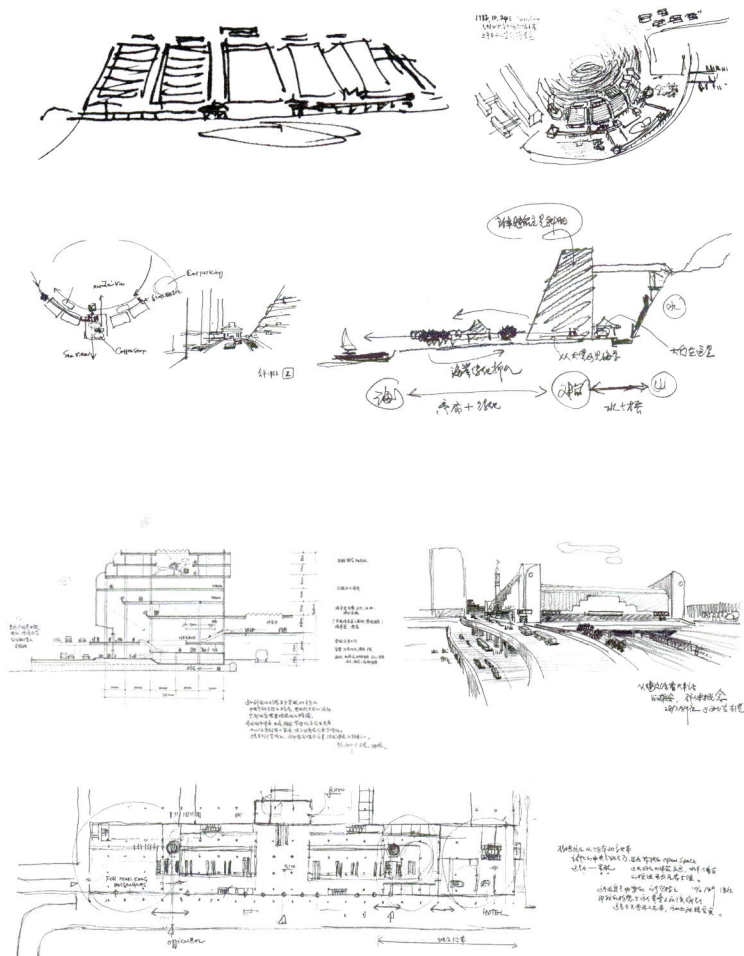

深圳南海酒店
建筑面积：43,100m²
设计时间：1983—1985

深圳火车站
建筑面积：93,790m²
设计时间：1989

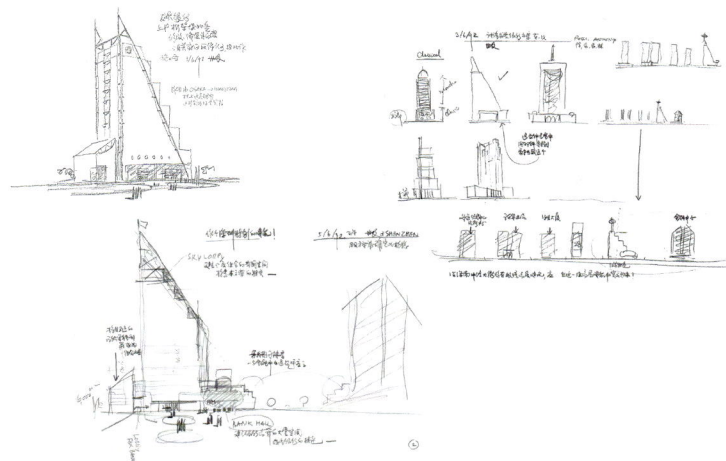

深圳发展银行
建筑面积：72,234m²
设计时间：1993

陈 雄

广东省建筑设计研究院副院长、总建筑师
ADG 建筑创作工作室主任

全国工程勘察设计大师

建筑师的路

时光回头看，总是觉得好快。尽管如此，在建筑师的成长过程中，充满期待，充满艰辛，充满挑战，唯有他的作品可以屹立于大地的时候，是最好的奖励。

站在新的起点，我们将以什么心态去迎接未来的挑战？前面的道路也许有很多障碍，总是在十字路口面临选择，生活给我们的启示是"望远路直"，关键是选择什么发展目标。我们应该持守技术本源，沿着前辈们的方向，走好建筑师的路。

建筑师的成长需要更长的时间，各种类型不同，每个项目不同，都得研究、学习与积累。成长过程中也会犯不少的错，即使如名医，也有救不活的病人。建筑师工作的跨度很大，有方案，也有施工图，还得常常跑工地。设计的过程总是问题不断，解决问题总是不断迂回，往往等你熬到极点，思路才豁然开朗。建筑师做方案的时候需要冲刺，就像短跑运动员；做施工图的时候需要积累，就如长跑运动员。然而，从事建筑设计行业的建筑师是幸运的，我们的作品可以长久地存留大地。正因为如此，我们的责任也是异常重大的，我们想象中的世界构成了现实世界的一部分，建筑是一个关系到未来世世代代的重大责任，我们确实任重道远！

主要获奖作品

广州白云国际机场迁建工程及航站楼工程
　　全国优秀工程勘察设计金质奖（2006年）、詹天佑土木工程大奖（2005年）、百年百项杰出土木工程（2012年）、中国建筑学会建筑创作大奖（1949～2009年）、2005年全国十大建设科技成就（2005年）、首届全国绿色建筑创新奖（2005年）、广东省第十二次优秀工程设计一等奖（2005年）

广州亚运馆
　　全国优秀工程勘察设计行业奖建筑工程一等奖（2011年）、百年百项杰出土木工程（2012年）、中国土木工程詹天佑奖（2011年）、第六届中国建筑学会建筑创作优秀奖——优秀（2011年）、AAA2014亚洲建筑协会颁发专业建筑类别荣誉奖（2014年）、香港建筑师学会海峡两岸与香港、澳门建筑设计优异奖（2013年）、广东省优秀工程设计奖一等奖（2011年）

深圳机场新航站区地面交通中心
　　全国优秀工程勘察设计行业奖建筑工程二等奖（2015年）、广东省优秀工程设计奖二等奖（2015年）

揭阳潮汕机场航站楼及配套工程
　　全国优秀勘察设计行业奖建筑工程公建类三等奖（2013年）、香港建筑师学会海峡两岸与香港、澳门建筑设计（运输及基础建设项目组别）卓越奖（2015年）、广东省优秀工程设计奖二等奖（2013年）

广州科学城科技人员公寓
　　全国优秀工程勘察设计行业奖建筑工程一等奖（2015年）、第六届中国建筑学会建筑创作优秀奖（2011年）

广州新白云国际机场一号航站楼

广州白云国际机场T2航站楼

广州亚运馆

揭阳潮汕机场航站楼

深圳机场T3航站楼卫星厅

陈宜言

深圳市市政设计研究院有限公司董事长

国家级领军人才

全国工程勘察设计大师

住建部建筑工程技术专家委员会委员

中国钢结构协会钢 - 混凝土组合结构分会副理事长

中国公路学会桥梁和结构工程分会理事会常务理事

广东省工程勘察设计行业协会副会长

深圳市专家人才联合会副会长

深圳建设科学技术委员会副主任委员

国家多所重点大学兼职教授

　　作为我国桥梁领域的知名专家，从业 36 年一直奋斗在城市建设的第一线，主编或参编国标及行标 8 部、获国家授权发明专利 30 项；获国家级和省部级以上优秀设计奖 21 项；获国家级和省部级以上科学技术进步奖 15 项；在国内外核心期刊发表论文 40 余篇。先后荣获国务院政府特殊津贴、广东省土木建筑中青二十佳工程师、鹏城杰出人才奖、全国工程勘察设计大师、国家级领军人才等荣誉称号。

　　其主持设计的主跨 280m 飞鸟式钢管混凝土系杆拱桥——东莞水道特大桥和单跨 150m 全组合结构拱桥深圳彩虹（北站）大桥，已成为城市地标。均获省优秀设计一等奖，其相应的多项科技创新成果获华夏建设科学技术二等奖、省科学技术二等奖。

　　2007 年，陈宜言大师投身波形钢腹板组合结构梁桥领域设计实践与科学研究，十年磨一剑，成果显著。其代表性作品：主跨 153m 伊朗德黑兰北部高速公路 BR—06 特大桥，按伊朗交通部指定地震烈度 9 度、地震峰值加速度高达 0.816g 标准，由其提出采用了重量轻、抗震性能好的大跨度波形钢腹板预应力混凝土箱梁桥型，有效解决了强震地区预应力混凝土梁桥抗震设计难题，为我国该类桥梁技术在国际推广和中国桥梁技术走出国门作出开拓性贡献。由其发明的"一种多弦杆结合梁结构"专利技术已在深圳市南坪快速路及国内相关工程中得到成功应用。

　　陈宜言大师倡导"安全和创新并重、技术和人文一体"的设计理念。其中，在荣获全国优秀工程勘察设计银奖的东莞港口大道工程中，针对总长 593m 的厚街水道斜弯桥，发展创新了合成箱梁的设计计算理论和分阶段施工新工艺，成功应用了"一种组合式预应力混凝土箱梁"专利技术，使跨径 40m 的预应力混凝土合成箱梁较简支 T 梁高度降低 20cm，缩短工期 10%。分阶段施工合成箱梁的试验与关键技术研究成果达国际领先水平，获华夏建设科学技术二等奖。

　　以"建筑设计景观桥"为设计理念，将其成功运用于跨越广深、京九高铁和布吉河的深圳市红桂路－晒布路跨线桥，有效解决了超低梁高 (L/40) 结构安全设计，多项新技术的运用解决小平曲线半径及大纵坡的钢箱梁桥结构设计和钢桥面铺装的难题，获全国优秀工程设计行业一等奖。

　　中国工程设计大师王用中先生评价，陈宜言是我国波形钢腹板组合结构梁桥开拓者和缔造者之一，为我国波形钢腹板组合结构桥梁的设计、科研发展及推广运用作出了突出贡献。

作为技术型的管理者，坚持科技兴企，坚持人才强企，落实创新驱动发展，带领市政院发展成为全国勘察设计行业中有较强竞争力的科技创新型国有企业。拥有"国家博士后科研工作站""院士（专家）工作站""陈宜言设计大师工作室""国家级工程实践教育中心""国际低碳市政基础设施研究中心""广东省新型桥梁结构工程技术研究中心""交通基础设施智能制造技术交通运输行业研发中心"，形成了有教授级高级工程师、博士和博士后 50 人的高新技术企业，全国工程勘察设计大师 2 人、特聘中国工程院院士 3 人、顾问全国工程勘察设计大师 7 人、重点大学博士生导师 16 人等行业领域知名的人才资源团队。

广东东莞港口大道工程厚街水道斜弯桥

伊朗德黑兰北部高速公路特大桥

全组合结构拱桥深圳彩虹（北站）大桥

深圳市红桂路—晒布路跨线桥

何　昉

深圳媚道风景园林与城市规划设计院
有限公司董事长兼主持规划设计师

全国工程勘察设计大师
全国绿化劳动模范
深圳市国家级领军人才
深圳市十大年度创意人物
住建部风景园林专家委员会专家
《风景园林》杂志社社长

中国公园协会副会长、中国风景园林学
会常务理事
中国城市规划学会理事
中国水土保持学会城市水土保持生态建
设专业委员会副主任委员兼秘书长
中国勘察设计协会园林和景观设计分会
资深顾问
广东园林学会副理事长
深圳市专家人才联合会副会长
深圳市水利学会副理事长
深圳市风景园林协会副会长
深圳市规划委员会建环委委员等

　　从事规划设计工作三十余年，先后主持完成近 2000 个项目，其中有 50 多项改革开放后曾接受包括邓小平、江泽民、胡锦涛、习近平在内的党和国家领导人的视察，获国内外奖 200 多项，包括全国优秀工程勘察设计奖银奖和铜奖、全国优秀工程勘察设计行业奖多项一二三等奖，ULI、AIA、ASLA、IFLA 等国际专业权威组织最高奖和优秀奖等。领导、主持参与风景园林规划设计、生态规划、绿道、绿色基础设施、城乡风貌规划、旧城和历史文化遗迹规划、城市水土保持等多方位的规划设计研究工作。

　　主持参与部分项目有珠三角区域（省立）绿道规划设计技术指引、广东省城市绿道规划设计指引、珠三角区域绿道网总体规划纲要、广东省绿道网建设总体规划、环首都绿道网总体规划、汶川县地震灾后恢复重建城镇体系规划、深圳关键生态节点生态恢复规划、珠海市绿地系统规划、佛山市绿地系统规划、深圳梧桐山风景名胜区总体规划（2011～2030 年）、第六届中国（厦门）园博园公共园林设计、第十一届中国（郑州）国际园林博览会园博园规划设计；各种类型的城市公园（如中央公园、植物园、动物园及主题公园）和自然公园系列（如湿地公园、郊野公园、森林公园、地质公园、矿山公园等），包括深圳仙湖植物园、南昌动物园、深圳国家级水土保持科技示范园、深圳大鹏半岛国家地质公园、深圳湾公园、山东日照市奥林匹克水上公园、深圳大学生运动会重点项目景观（大运中心、大运村、大运公园）、佛山南海中轴线千灯湖公园、东莞国家城市湿地公园生态园大圳埔湿地建设工程设计、日照国家级海洋公园总体规划、深圳大梅沙海滨公园设计、深圳欢乐海岸景观设计、深圳欢乐谷设计等；深圳罗湖口岸/火车站地区综合改造工程、长白山国家自然保护区步行系统及休息点规划设计、深圳紫荆山庄环境设计、澳门大学横琴新校区景观设计、深圳福田河综合整治工程景观设计等。

关注学术及景园创作同时，对行业发展由衷热爱并全情投入：2005 年创办了全国唯一与风景园林一级学科同名的国家级学术刊物《风景园林》，并担任首任社长，如今已实现单月刊国际发行，相继提出韧性城市等学科前沿专题，探索学科创新。

作为中国最早、最大规模的绿道建设——广东绿道的重要策划和实践者，从东方智慧出发提炼中国绿道思想，将绿道的审美与生态指标量化，并提出中国绿色基础设施和广东省域公园体系。从自然与生态演替中的水土变化分析中国历史上的水土保持实践，作为人居环境学的重要补充，创新性提出景观水保学理论。主持"十一五"国家科技支撑计划项目子课题、《动物园设计规范》等数十项国家（行业）标准，在长期实践中总结出数项专利发明创新，研究成果近 30 项，在国家级学术刊物上发表论文四十余篇，主编多本专业书籍，近年来还应邀在美国法布斯国际景观及绿道大会等国内外学术会议上讲演交流 30 余次。

主要负责项目

1. 第六届中国（厦门）园博园公共园林规划设计
2. 深圳水土保持科技示范园
3. 第 26 届世界大学生运动会（深圳）体育中心景观设计
4. 佛山南海中轴线开放空间及千灯湖公园
5. 珠三角绿道网规划建设项目
6. 南昌动物园
7. 深圳市欢乐谷主题公园景观设计
8. 第十一届中国（郑州）国际园林博览会规划设计
9. 第四届广西（北海）园林园艺博览会园博园主园区建设项目
10. 深圳大鹏半岛国家地质公园揭碑开园建设项目
11. 深圳市莲花北居住区园林设计
12. 深圳市梅林一村环境设计

第六届中国（厦门）园博园公共园林规划设计

全国优秀工程勘察设计奖银奖、全国优秀工程勘察设计行业奖一等奖

（罗小勇摄）

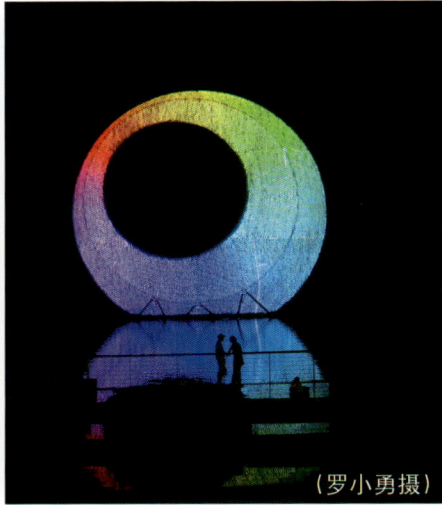
（罗小勇摄）

深圳水土保持科技示范园

国际风景园林师联合会(IFLA)主席奖、全国优秀工程勘察设计行业奖一等奖、全国人居经典建筑规划设计方案竞赛环境金奖、广东省优秀工程勘察设计奖一等奖、广东园林学会成立 50 周年优秀作品评选广东园林优秀作品、水利部命名挂牌"水土保持科技示范园区"、教育部和水利部挂牌"全国中小学水土保持教育社会实践基地"、住建部科学技术项目计划科技示范工程项目

（罗小勇摄）

（罗小勇摄）

佛山南海中轴线开放空间及千灯湖公园

美国城市土地学会（ULI）全球城市开敞空间大奖第一名、美国风景园林师协会（ASLA）德州分会优秀奖、全国工程勘察设计行业二等奖、广东省优秀工程设计一等奖、广东省岭南特色规划与建筑设计评优活动岭南特色园林设计奖银奖

（何昉摄）

（罗小勇摄）

珠三角绿道网规划建设项目

全国优秀工程勘察设计行业奖二等奖、海峡两岸与香港、澳门建筑设计大奖卓越奖、中国风景园林学会优秀风景园林规划设计奖一等奖

（深圳市城管局提供）

（深圳市城管局提供）

（深圳市城管局提供）

（深圳市城管局提供）

深圳市欢乐谷主题公园景观设计

（何昉摄）

中国（郑州）国际园林博览会规划设计

第四届广西（北海）园林园艺博览会园博园主园区建设项目
全国优秀工程勘察设计行业奖二等奖、广东省优秀工程勘察设计奖一等奖

（宁旨文摄）

第 26 届世界大学生运动会（深圳）体育中心景观设计

全国优秀工程勘察设计行业奖一等奖

（罗小勇摄）

（罗小勇摄）

深圳大鹏半岛国家地质公园揭碑开园建设项目

全国优秀工程勘察设计行业奖一等奖、美国建筑师协会加州分会建筑优秀奖、"福田区文化创意作品天工奖"特等奖

（罗小勇摄）

（罗小勇摄）

林 毅

香港华艺设计顾问（深圳）有限公司
副董事长兼总建筑师

国务院特殊津贴专家
广东省工程勘察设计大师
教授级高级建筑师
国家一级注册建筑师
广东省土木建筑十佳中青年建筑师
首届深圳杰出建筑师

深圳市勘察设计行业优秀总建筑师
中国建筑学会资深会员
广东省注册建筑师协会常务理事
广东省土木建筑学会副理事长
深圳市注册建筑师学会副会长
深圳市勘察设计协会常务理事
重庆大学建筑城规学院客座教授
香港建筑师学会会员

主持设计了深圳大鹏半岛国家地质公园地质博物馆、深圳中海油大厦、深圳大学城北京大学园区、深圳创维数字研究中心、深圳天健创智大厦、深圳广电集团有线电视枢纽大厦、深圳赛格广场、深圳发展银行大厦、深圳星河国际、深圳绿景虹湾、深圳莱蒙水榭春天、深圳南海半岛城邦、中山大学－深圳建设项目总体规划和一期工程建筑设计（I标）、北京中国建筑文化中心、海口行政中心、长春城市规划展览馆、南京汉开书院、三亚龙沐湾凯撒皇宫酒店、威海Club Med（地中海俱乐部）、珠海法拉帝亚太中心、东莞松山湖长城世家等项目，获得全国优秀工程设计银奖、全国优秀工程勘察设计行业奖一等奖等各类专业奖项。

主持"热带亚热带地区滨海建筑研究""城市居住建筑集成技术研究""产业园规划及建筑设计集成技术研究"等重大科研项目。

深圳平安银行大厦

深圳赛格广场

深圳大鹏半岛国家地质公园

中海油湾区企业总部

深圳广播电影电视集团有线电视枢纽大厦

深圳天健创智中心

深圳创维数字研究中心

深圳规划大厦

深圳绿景虹湾

北京大学深圳研究生分院

海口行政中心

深圳莱蒙水榭春天

东莞松山湖长城世家

刘琼祥

深圳市建筑设计研究总院有限公司总工程师

深圳再生混合混凝土利用工程实验室主任

新型建筑体系与材料设计研究室主任

教授级高级工程师

第一届广东省工程勘察设计大师

中国勘察设计协会结构分会副理事长

中国勘察协会科技创新工作委员会副主任

华南理工大学、华中科技大学兼职教授

博士后指导老师

先后被授予广东省勘察设计大师称号，深圳市鹏城杰出人才、深圳高层次人才，全国钢结构杰出人才、全国勘察设计行业科技创新带头人，享受国务院政府特殊津贴。

1956 年出生，恢复高考后，第一批考入武汉理工大学，毕业后留校任教。

我国最早进行超高层建筑设计实践的总工程师之一。主持完成了近 100 项重大项目的结构设计，获国家银奖 1 项，中国土木工程詹天佑大奖 1 项，省部级奖项 42 项。代表作品：合肥政务行政中心（获国家银奖），深圳大运中心体育场（获中国土木工程学会詹天佑大奖），深港西部通道口岸旅检大楼（获广东省科技进步特等奖），深圳证券交易所营运中心（获中国建筑学会建筑创作奖银奖；中国勘察设计协会全国优秀工程勘察设计一等奖，其巨型悬挑空中平台建造技术获中建三局科学技术进步特等奖），西宁海湖体育中心（获广东省勘察协会结构专项一等奖）。

近年来，获批专利 36 项，其中国内发明专利 13 项，国际 PCT/CN 3 项，参与 1 项国家课题，主持省市级课题 6 项。所获批的 36 项专利现在运用在紫金县文化活动中心、福建泉州千亿商帆、广州保利"琶洲眼"超高层建筑、深圳太平金融大厦、喀什国际免税广场、深圳大运中心等 20 多个项目中，产生了很好的经济效益与社会效益。在结构设计方面，率先为践行"节能减排"的国家战略提供了一种切实有效、安全可靠的途径。

从业以来，主编《深圳经济特区 30 年建设成果回顾和展望》、《国际先进国家建筑安全等级研究》、《深圳市建筑高度大于 250 米民用建筑防火规范》、《深圳市公安派出所建设标准》；作为主要编写人编写了《再生块体混凝土结合结构技术规程》、《组合楼板设计与施工规范》等规范，参编、参审了《建筑抗震设计规范》、《建筑隔震设计规范》、《混凝土结构设计规范》等十余项规范标准。发表论文 45 篇，其中 EI 检索 8 篇，领跑者 5000 收录 1 篇。还先后应邀在中国、日本等地参加国际学术交流并做专题讲座 10 多次。

作为深圳市抢险救灾专家，积极参与汶川地震救灾及设计工作，深圳光明新区渣土受纳场特别重大滑坡事故现场救援及技术指导，深圳丹竹头危楼应急处理，为保障人民群众的生命及财产安全作出了贡献。

合肥政务文化新区政务综合楼

深圳证券交易所运营中心

深港西部通道口岸旅检大楼

喀什国际免税广场

深圳太平金融大厦

深圳湾创新科技中心

大运体育中心

深圳滨海医院

昆明市社会福利院

紫金文化广场

博时基金大厦

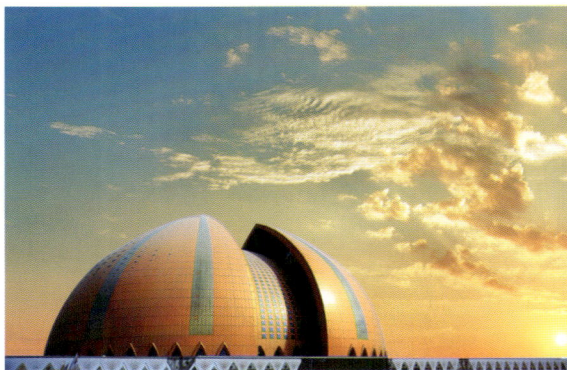

新疆大剧院

能源大厦

西宁海湖体育场

艾志刚

博士、教授、一级注册建筑师

东南大学建筑学本科,清华大学建筑设计硕士研究生,清华大学建筑历史与理论博士研究生。

1985 年至今深圳大学任教,历任建筑 CAD 中心主任、建筑系副主任、建筑与土木工程学院党委副书记、建筑与城市规划学院副院长等职务。现任深圳市注册建筑师协会会长,中国建筑学会建筑师分会理事,深圳大学 CA 建筑工作室主持人。主编《高层办公综合建筑设计》、《注册建筑师设计手册》等专著多部,主持完成国家自然科学基金一项,指导大学生多次获得国家级大奖。近年主持设计了规划与建筑工程多项,如深圳大学西丽体育馆、龙华文化艺术中心、深圳动漫大厦、深圳北理莫斯科大学,深圳福田中学、云南曲靖师范学院规划等。

设计理念

责任——重视建筑对功能、环境、业主以及历史的负责。

创新——追求建筑形式和技术的创新与卓越。

快乐——坚持设计全员、全过程的快乐状态。

深圳大学西丽校区体育馆

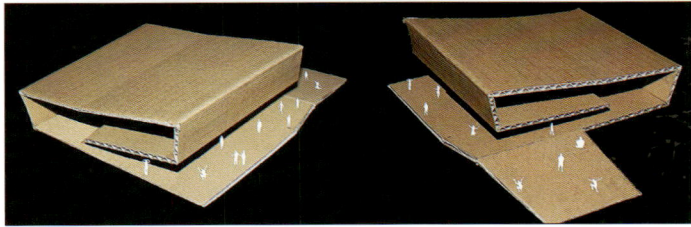

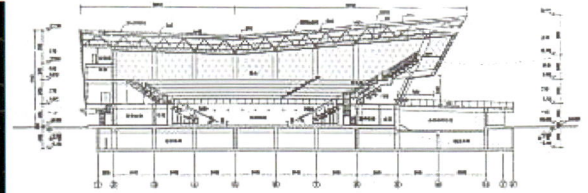

深圳动漫大厦

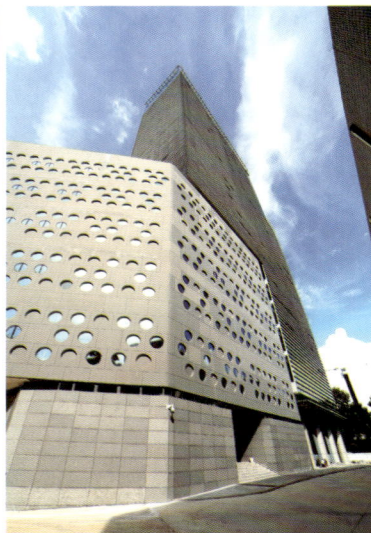

深圳龙华文化艺术中心

深圳盐田红盾大厦

赵春山

深圳华森建筑与工程设计顾问有限公司

党委书记、董事长

高级工程师

　　曾任职国家建设部人事司专业人才处副处长、处长，参与了城乡建设行业职称改革文件制定、建设部直属系统院士及专家选拔管理、专业技术职务管理、博士后流动站管理等工作。1996 年任建设部职业资格注册中心副主任，2005 年任主任，兼任全国注册建筑师、勘察设计工程师、城市规划师、物业管理师等管理委员会副主任，及中国建筑学会理事、中国建造师协会副会长等职。长期从事建设行业注册建筑师、勘察设计工程师、建造师、城市规划师和物业管理师的执业资格制度建设、考试、注册及相关管理工作。

　　20 世纪 90 年代初，作为主要起草人，参与了国务院《注册建筑师条例》的制定。与负责 17 个专业领域注册工程师管理部门与协会沟通协调，完成了全国勘察设计工程师专业分类的框架体系建立及组织实施。参与了注册城市规划师、建造师、物业管理师等多项行业执业资格制度的研究与政策制定。

　　在建设行业执业资格制度实施中，积极推动教育评估、职业实践、资格考试及继续教育标准的建立与完善，使之既尊重国际通行规则便于对等交流，又符合国内工程建设职业实际和可实施，为提升执业人员行业地位、能力和职业化水平作出了重要贡献。

　　为适应国际化发展的要求，积极参与并推动中国注册建筑师、工程师与国外、境外行业协会、学会的资格互认和学术交流活动。组织与英国皇家结构工程师学会，中国香港建筑师注册局、工程师注册局，中国台湾建筑师公会的执业资格认可，组织参与与美国注册建筑师委员会、全美工程师考试委员会资格互认谈判工作，开展中日韩三国建筑师组织交流等活动，促进了行业间的国际交流与合作，有助于中国工程建设领域专业技术人员参与国际竞争。

　　现任深圳华森建筑与工程设计顾问有限公司董事长（法人代表）、党委书记。履职以来，积极倡导公司坚持新发展理念，组织制定并实施区域发展、品牌提升、转型升级"三大战略"，推进组织架构调整、分配机制完善、管理效能提升"三大改革"，激发新的发展活力，努力实现华森公司的高质量发展。

　　兼任深圳市勘察设计行业协会会长以来，坚持服务政府、服务会员，强化了与对口国家和省级行业组织的联系，推动了广东省勘察设计大师、深圳市杰出建筑师（工程师）的认定，以及粤港澳大湾区设计联盟、设计之都行业协会联盟的启动，努力为深圳市勘察设计企业走出去打造平台。

深圳佳兆业万豪酒店

惠州江滨华府

深圳幸福之家养老院

深圳当代艺术与城市规划展览馆

惠州佳兆业中心三期

烟台富饶中心

杨为众

筑博设计股份有限公司首席技术官 CTO
国家一级注册建筑师

深圳市杰出建筑师
深圳市专家委员会成员
深圳市建筑设计审查专家库专家

深圳市住建局建筑设计评标专家
2011 年荣获深圳市勘察设计行业优秀总建筑师
2004 年荣获 2004CIHAF 中国建筑二十大品牌影响力青年设计师

　　杨为众先生出生于 1965 年，1990 年毕业于东南大学建筑研究所，获建筑学硕士学位，为筑博设计股份有限公司创始人之一，现担任筑博设计股份有限公司首席技术官 CTO。以创新的理念领衔设计，拥有超过 28 年的大型建筑项目的设计经验。理念是"设计源于生活"，望设计能回到原点，回到生活具体而浑然的状态中去，从对生活的观察和感悟去引导设计。

　　在将近 28 年建筑设计创作生涯中，积累了丰富的设计和管理经验。在高端居住建筑、大型办公及商业综合体、医疗、酒店、文化建筑等不同领域都有卓越的作品。追求设计的创新性并一直坚持从人文关怀出发，从实际需求出发，对现代中国建筑风格作出不懈的探索。以理性的思考过程、较强的项目总控管理来达到设计作品原创性、可实施性，从而使作品具有精致的细节和良好的完成度。其主持、参与的项目曾多次荣获部、省、市优秀设计奖，并得到使用者的高度认可。

代表作品

深圳市宝荷医院
2011 年东莞市优秀建筑工程设计金奖
2015 年首届深圳建筑创作奖建成类铜奖
深圳京基滨河时代
2015 年美居奖南赛区·中国最美商业综合体
2016 年中国建筑学会建筑创作奖·公建一等奖
2017 年广东省优秀工程设计·二等奖
首届深圳建筑创作奖建成类·银奖
长沙保利国际广场
2017 年湖南省优秀工程勘察设计奖评选工程设计·二等奖
2017 年广东省优秀工程勘察设计评选公建类·三等奖
第十七届深圳市优秀工程勘察设计评选公建类·二等奖

深圳市档案中心
首届深圳市房屋建筑工程优秀施工图评选·金奖
2011 年东莞市优秀建筑工程设计·金奖
2015 年广东省优秀工程设计·二等奖
深圳市第十六届优秀工程勘察设计评选·公建类一等奖
广东省注册建筑师协会第六次优秀建筑创作·佳作奖
深圳市吉华医院
2017 年中国医院建设奖·全国十佳医院建设设计方案
2017 年第三届深圳建筑创作奖·金奖
2017 年第三届深圳建筑创作奖未建成项目·一等奖
厦门保利叁仟栋
第十七届深圳市优秀工程勘察设计公建二

等奖
恒丰贵阳中心
深圳市城乡规划·一等奖
广东省优秀城乡规划·三等奖
武汉保利关山村 K26 地块
首届深圳建筑创作奖未建成类银奖
深圳市盐田大百汇
首届深圳建筑创作奖未建成银奖
深圳万科金域蓝湾一期
深圳市第一届优秀工程建筑设计二等奖
华强广场
深圳市第十三届优秀工程勘察设计公共建筑二等奖
星河传说 - 帕萨迪纳Ⅱ区、Ⅲ区
深圳市第十五届优秀工程勘察设计住宅建筑类一等奖

深圳宝荷医院

深圳市第二儿童医院

深圳市吉华医院

万科虎门·紫台

武汉保利 K26

厦门保利叁仟栋

贵阳恒丰中心

深圳京基滨河时代

张大明

深圳华森建筑与工程设计顾问有限公司董事、副总经理

教授级高级工程师

国家注册电气工程师

感悟

华森，中国改革开放的产物，首家中外合资建筑设计公司，建筑设计行业首个"深圳知名品牌"。华森与深圳经济特区同年成立，相伴成长，在无数个建筑上铭刻了印记。38 年来，华森创造了特区的历史，见证了城市的发展，并努力引领行业的未来。

深圳建筑设计业发展需要的是全国的胸怀和世界的眼光。华森形成了以深圳为中心延伸全国的跨地区一体化经营格局，发挥地域优势，立足珠三角，在各地有力打响建筑设计的"深圳品牌"，更将业务触角伸向一带一路沿线的多个国家和地区。华森以锐意进取、矢志创新，在获得企业自身发展的同时，也切实履行作为深圳市勘察设计行业协会会长单位的引领和推动作用。

展望未来，华森将坚持以习近平新时代中国特色社会主义思想为指导，贯彻"创新、协调、绿色、开放、共享"五大发展理念，秉承"建筑美好、设计生活"的核心价值观，传承华森人"努力创新、艰苦付出、挑战自我、不断超越"企业精神，抓住改革开放 40 周年这一重要历史契机，不断总结经验，积极探索在新常态下的管理机制与模式，坚定初心，开拓进取，为深圳高质量发展贡献力量，努力在新时代走在前列，在新征程勇当尖兵。

主要项目及代表作品

1. 北京梅地亚新闻交流中心（45000m²） 专业负责人
2. 中国人民解放军总医院医疗楼（52000m²） 主要设计人
3. 全国政协办公楼（45000m²） 专业负责人
4. 北京嘉里中心（190000m²） 专业负责人
5. 北京文化部综合办公楼（35000m²） 专业负责人
6. 中国烟草公司办公楼（40000m²） 专业负责人
7. 深圳华侨城侨城花园（200000m²） 专业负责人、审定审核人
8. 深圳市规划国土局培训中心（47000m²） 专业负责人、审核审定人
9. 深圳市第二文化宫（54000m²） 专业负责人、审核审定人
10. 东莞松山湖办公区（100000m²） 审核审定人
11. 深圳华融大厦（74000m²） 审核审定人
12. 深圳大学文科楼（50000m²） 审核审定人
13. 南京新城大厦（110000m²） 审核审定人
14. 广东南海文化中心（35000m²） 审核审定人
15. 深圳蛇口花园城二期（公建）（83200m²） 审核审定人
16. 珠海海洋温泉度假村（125200m²） 审核审定人
17. 创智深圳研究院（39000m²） 审核审定人
18. 深圳科技书城（36000m²） 审核审定人
19. 深圳京基金融中心（建筑高度：442m）（620000m²） 审核审定人
20. 东莞东城万达广场（320000m²） 审核审定人

珠海海泉湾大酒店

南京新城大厦

深圳大学文科教学楼

东莞东城万达广场

梁鸿文

教授

一级注册建筑师

1934 年 12 月出生于广东省广州市，1959 年毕业于清华大学建筑系（六年制）后留校任教，历任教研组副主任、主任、副教授、教授等职。在职期间曾到美国密执根大学城市规划及建筑学院访问进修并在该校艺术学院任教，到北美几所建筑学院校讲学，1983 年参与深圳大学规划及建筑设计，1987 年到深圳大学建筑系及建筑设计院从事教学和设计工作。1995 年退休后创办清华大学建筑设计研究院深圳分院（后更名为深圳市清华苑建筑与规划设计研究有限公司），任常务副院长兼总建筑师。现任公司董事、顾问总建筑师。

从业至今曾多次获得市、省、部级设计奖项，其中深大演会中心及深大中心广场同时获得 1989 年深圳市勘察设计工程一等奖，其后中国建筑学会在 1993 年评选"文革"后十年十项中国建筑学会建筑创作奖，深大演会中心入选为其中一项；中国环境艺术学会在 1994 年评选"文革"后十年十项中国当代环境艺术设计优秀奖，深大中心广场亦入选为其中一项。为此她获得了深圳市杰出专家称号，并在 2011 年清华大学一百周年校庆时被深圳市民评选为感动深圳的十大清华人之一。

个人自述

选择了"建筑"这个新鲜又古老、伟大而平凡的专业，离不开继承和创造，需要谦虚和自信，承认自己的不足和缺陷有助于勤奋好学，而自信是解决难题和创新的基本条件。

重视学习与了解多种经过长久实践形成的流派和理论，欣赏借鉴名作；它们是那么美和合乎逻辑，独一无二。但古今中外每个成功作品都只能造就于当时当地的条件、决策人的意向、设计者对客观的理解和解决问题的方法、艺术修养水平。追赶时髦和抄袭模仿如东施效颦，只会使建筑失去自我和灵性。

无论是总体规划或个体设计，要做到顺应自然、追求和谐的整体关系，夸张卖弄会害己害群。设计有如做人处事，朴实真诚的品格最为高贵。左邻右里的恰当关系、自然因素、装饰因素都是在设计中要同时考虑的，就如人的品质、修养、举止风度和衣着服饰一样是个不可分的统一体，建筑师不要放弃做环境装饰艺术设计的机会，它会给作品带来个性、趣味和幽默感。

深圳大学演会中心

用地面积：10000m²
建筑面积：5000m²
项目地点：深圳市南山区
建设单位：深圳大学
建成时间：1988 年
获奖情况：1989 年深圳市勘察设计工程设计一等奖
1991 年广东省优秀设计二等奖
1991 年城乡建设系统部级优秀设计二等奖
1993 年度中国建筑学会建筑创作奖

该中心位于深圳大学入口广场东侧，是一座有 1650~2000 座位的集会及演出建筑，平面采用自由灵活、不对称、半开敞的布局，空间在水平、垂直方向均流动穿插，观众厅顺自然地势找坡、侧墙按声学及视线效果设置，结构体系由粗石墙、钢筋混凝土柱和网架顶棚组成，高低参错、曲直变化的墙体所围合的空间在八根素面钢筋混凝土支承的 56m×64m 的顶棚下自由进出。室内装饰图案、壁画、雕塑与功能技术、建筑设计相结合。运用空间、线形、光色、材质、绿化与水体等因素创造了一个有独特性格的环境场所。

深圳大学中心广场

用地面积：约 3hm²
绿化面积：＞ 60%
项目地点：深圳市南山区
建设单位：深圳大学
建成时间：1988 年
获奖情况：1989 年深圳市勘察设计工程设计一等奖
1994 年中国当代（1984 ～ 1994）环境
艺术设计优秀奖

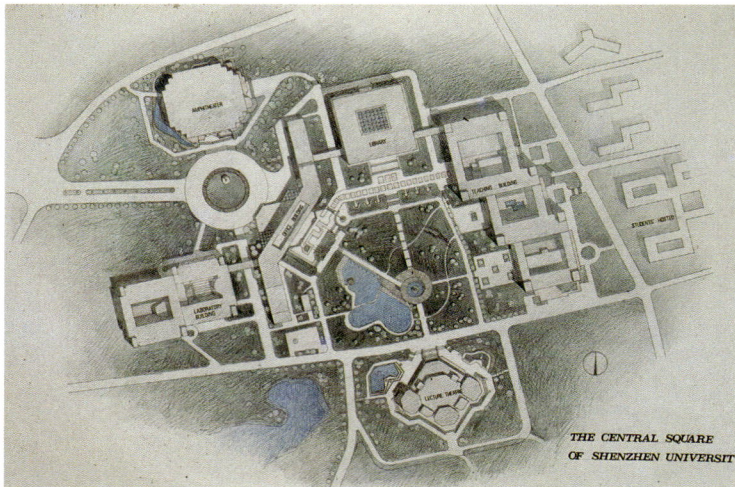

THE CENTRAL SQUARE OF SHENZHEN UNIVERSITY

　　广场位于深圳大学中心区，由办公楼、图书馆、教学楼与阶梯教室围合而成。设计中运用两条斜交的轴线，并通过了办公楼及教学楼部分底层，组织了高效率而有机结合的三个层次的道路系统，使广场与校入口、教学区、学生生活区、教工生活区都有便捷的联系，总体布局顺应自然，广场空间与绿丘、远山、海湾连成一气，各个方向都有开阔的视野，依地势在建筑物前设置不同标高的台地，形成规模不同的活动区域。在低洼处开挖水池（兼消防水池）以供水口做喷泉。不同高的水面间有过水堤兼步道，使广场有丰富的竖向层次。利用水体、绿化、小品与装饰元素，创造了一个整体优美而富有文化内涵的校园环境。

深圳市高级中学

用地面积： 46600m²
建筑面积： 48400m²
项目地点： 深圳市福田区
建设单位： 深圳市高级中学
建成时间： 1997 年
获奖情况： 1998 年度全国优秀教育建筑设计二等奖

　　总体布局以教学为核心，科研、行政、文体活动、生活后勤围绕教学区设置，按功能、动静分区，联系便捷。利用地形将疏密错落、虚实穿插的半开放空间与教学空间灵巧组合，人车严格分流。现代与传统的建筑风格相结合，功能形状各异的广场、庭、廊、台阶、绿化、水体、喷泉、雕塑、壁画、钟塔等元素结合，使校园富有文化气息。技术措施做到防噪声、防西晒、自然采光足、穿堂风通畅、泳池储备消防用水，收集雨水灌溉，利用太阳能供热，节能环保系统由电脑控制，实现了可持续发展原则。

全松旺

深圳机械院建筑设计有限公司董事长兼总经理

国家一级注册建筑师
国家注册咨询（工程）工程师
研究员级高级工程师
中国机械工业勘察设计协会副会长
深圳市勘察设计协会副会长

深圳市注册建筑师协会理事
深圳市勘察设计协会建筑委员会委员
中国机械工业勘察设计协会、广东省、深圳市专家库专家
首届深圳市优秀总建筑师
首届深圳市杰出建筑师
享受国务院特殊津贴专家

　　从事建筑设计与管理工作30多年，秉承"诠译生活，设计未来"的设计理念，主持完成了百余项建筑设计工程项目，深感每一次设计创作都是一次学习和挑战，在建筑设计与企业管理的道路上，在自我修炼中不断努力前行，永远在修行的路上。

一、主要获奖项目

1. 深圳铁路新客站
   1996 年度国家优秀工程设计铜奖
   1994 年度中国机械工业部优秀工程设计一等奖
   广东省优秀工程设计一等奖
2. 西安电子科技大学巨构
   2009 年度国家优秀工程设计三等奖
   2009 年度中国机械工业勘察设计协优秀工程设计一等奖
3. 深圳电视中心
   2007 年度广东省优秀工程设计二等奖
   2007 年度深圳市优秀工程设计二等奖
4. 贵阳一中金阳新校区
   2007 年度中国机械工业勘察设计协优秀工程设计二等奖
5. 佛山职业技术学院三水新校区
   2012 年度中国机械工业勘察设计协优秀工程设计二等奖
6. 深圳华侨城波托菲诺·纯水岸
   2004 年度中国机械工业勘察设计协优秀工程设计二等奖
   2007 年度深圳市优秀工程设计一等奖
7. 百仕达花园二期
   2004 年度中国机械工业勘察设计协优秀工程设计三等奖
8. 蔚蓝海岸三期
   2005 年度中国机械工业勘察设计协优秀工程设计二等奖
9. 嘉里华庭
   2005 年度中国机械工业勘察设计协优秀工程设计三等奖
10. 珠海云顶澜山花园
    2012 年度中国机械工业勘察设计协优秀工程设计三等奖
11. 龙兴商业广场
    2004 年度深圳市优秀工程设计三等奖
12. 深圳万佳配送中心
    2007 年度深圳市优秀工程设计鼓励奖
13. 贵阳金阳新区碧海花园总体规划
    2003 年度中国机械工业勘察设计协优秀咨询成果三等奖
14. 华南国际工业原料城总体规划
    2004 年度中国机械工业勘察设计协会优秀咨询成果三等奖
15. 成都市金堂县低碳生活园项目前期研究与策划报告
    2012 年度中国机械工业勘察设计协优秀咨询成果二等奖

深圳铁路新客站

二、主要代表项目

1. 深圳铁路新客站
   用地面积：80000m²；总建筑面积：
   150000m²
2. 深圳电视中心
   用地面积：20132m²；总建筑面积：
   70220m²
3. 西安电子科技大学巨构
   用地面积：277155m²；总建筑面积：
   246762m²
4. 贵阳一中金阳新校区
   用地面积：295573m²；总建筑面积：
   130000m²
5. 佛山职业技术学院三水新校区
   用地面积：587000m²；总建筑面积：
   225000m²
6. 深圳华侨城波托菲诺·纯水岸

   用地面积：103521m²；总建筑面积：
   127030m²
7. 百仕达花园二、三期
   用地面积：103200m²；总建筑面积：
   246600m²
8. 蔚蓝海岸一、三期
   用地面积：132258m²；总建筑面积：
   341027m²
9. 贵阳金阳新区景怡苑小区
   用地面积：398728m²；总建筑面积：
   454300m²
10. 嘉里华庭
    用地面积：33592m²；总建筑面积：
    118428m²
11. 深圳万佳配送中心
    用地面积：40000m²；总建筑面积：

   44083m²
12. 贵阳金阳新区碧海花园总体规划
    用地面积：2100000m²；总建筑面积：
    2200000m²
13. 华南国际工业原料城总体规划
    用地面积：1100000m²；总建筑面积：
    2200000m²

西安电子科技大学巨构

深圳电视中心

贵阳一中金阳新校区

佛山职业技术学院三水新校区

深圳华侨城波托菲诺·纯水岸

蔚蓝海岸三期

百仕达花园二期

嘉里华庭（雅颂居）

深圳万佳配送中心

华南国际工业原料城总体规划

贵阳金阳新区碧海花园规划总平面图

贵阳金阳新区碧海花园总体规划

唐崇武

华阳国际设计集团董事长

深圳市政协委员	中国勘察设计协会民营设计企业分会副会长
全国勘察设计行业优秀民营企业家	深圳市勘察设计行业协会副会长
广东省优秀企业家	深圳市住宅产业化协会副会长
深圳百名行业领军人物	深圳土木建筑学会副理事长

　　华阳国际设计集团总部位于深圳，在唐崇武先生的带领下，华阳国际已发展成由深圳、上海、广州、长沙、东莞等建筑设计区域公司、造价咨询公司、建筑产业化公司、BIM 技术应用研究院、华泰盛建设公司、东莞建筑科技产业园、东莞润阳联合智造公司组成的覆盖建筑工程全产业链的集团化格局，产品类型从居住建筑逐步拓展至公共建筑、城市综合体等业态，也为城市创作了众多优秀的建筑作品。如今华阳国际与万科、华润、保利、招商、恒大、融创、龙湖和金地等品牌开发商，以及华为、大疆、联合飞机、创维等知名企业建立了战略合作关系。

　　唐崇武先生对行业的思考从未停止，并对新兴科技保持高度的敏感。他领导华阳国际在装配式建筑领域历经 14 年不遗余力的研发与实践，已掌握了从设计到施工全过程各阶段的技术，成为装配式建筑领域当之无愧的领航者。同时，领导华阳国际 BIM 技术应用研究院，成为全国首家可提供全流程、全专业技术服务的 BIM 研发团队，占据了"设计＋科研技术"和行业标准制定的制高点。

　　2015 年，华阳国际被授予"国家高新技术企业"称号，亦是全国首个获"国家住宅产业化基地"称号的设计企业，"深圳市 BIM 工程实验室"亦设立于华阳国际。如今，华阳国际已成为建筑行业为数不多的完成全产业链布局的企业。未来，华阳国际将致力于以设计研发为龙头，以产业化和 BIM 为核心技术，致力于通过全产业链布局，打造全球领先的新型设计科技企业。

　　目前华阳国际已开始在海南和珠三角地区建设产业园，全面展开全过程工程咨询及 EPC 工程总承包业务，从设计、造价咨询、产业化和 BIM 技术研究、生产制造到施工建设，华阳国际已率先建立起覆盖全产业链的管理和 EPC 总承包能力。未来，中国的创意产业必将依托华阳国际这样实力强大、资源技术集成的母舰平台，实践"创意改变生活，设计提升品质"的使命。

华阳国际东莞建筑科技产业园

与华润水泥合作的润阳联合智造 PC 构件厂已落地投产

华阳国际位于产业园的自建办公楼

为实现未来人才房、保障房及长租公寓的 EPC 建设模式，华阳国际全方位展开规划设计、户型产品定型、建筑立面、室内装修、装配式技术、园林景观设计、社区配套、信息化技术、成本控制、PC 生产、施工等系列课题研究，并于2017年10月、11月先后完成深圳"十全十美"生活体验馆、东莞华阳国际现代建筑产业中心实验楼 1:1 样板间搭建工作，并于 2018 年 3 月 19 ~ 22 日，在 2018 深圳时尚家居设计周暨第 33 届深圳国际家具展"装配式住宅展"上公开亮相，全新的装配式住宅设计理念及商业模式，跨界链接四大产业，引起行业的广泛关注。

叶 枫

深圳市北林苑景观及建筑规划设计院有限公司
院长、总景园师
风景园林高级工程师

设计感悟

作为科学性与艺术性交融的综合学科，风景园林从传统造园发展演变为现代多专业融合的规划设计行业，其专业内涵随着城乡环境、土地问题的出现在不断地丰富与拓展。风景园林师在面对各种尺度的项目时需要具备生物学、建筑学、工程学、美学等专业知识以及文学修养。二十多年的风景园林规划设计实践让我更寻求一种直觉与理性平衡的工作方法，通过对项目的理解、分析、评估、判断，精准地定义各方需求，以清晰正确的逻辑关系来制定整体设计策略，并根据场地特质与地域文化对设计元素适当加以艺术化表达。设计创意看似源于灵感迸发、妙手偶得，实际是形象思维与逻辑推导的结合。绘画创作讲求"外师造化、中得心源"，园林景观设计也是如此。"造化"虽原指自然，但顺应现代设计发展还可包含跨专业、跨领域的知识融合，通过设计师内心的情思与构设转化为"师法自然"的艺术美，从而升华为情景交融、触景生情的心灵共鸣，传达"只可意会，不可言传"的意境。

主要获奖情况

1. 深圳市勘察设计行业"十佳青年工程师"（风景园林）
2. 深圳市勘察设计行业优秀（副）总景园师
3. 深圳第二十六届世界大学生夏季运动会大运村基础设施保障荣誉奖
4. 第六届中国（厦门）园博园公共园林设计获第十四届全国优秀工程勘察设计银奖
5. 深圳市水土保持科技示范园一期工程获国际风景园林师联合会（IFLA）主席奖
6. 深圳大鹏半岛国家地质公园揭碑开园项目获全国工程勘察设计行业一等奖
7.《图解园林施工图系列》获中国风景园林学会科技进步奖二等奖
8. 第四届广西（北海）园林园艺博览会园博园主园区建设项目——全国优秀工程勘察设计行业奖（园林景观类）二等奖
9. 东莞国家城市湿地公园生态园大圳埔湿地建设工程设计——2015年度"计成奖"一等奖

深圳大梅沙海滨公园（刘必健摄）

深圳大鹏半岛国家地质公园

第十一届中国（郑州）国际园林博览会园博园

深圳大运自然公园与大运中心

深圳经济特区建立 30 周年纪念园

深圳湾公园西段设计

第四届广西（北海）园林园艺博览园

庄 葵

悉地国际集团联席总裁

教授级高级工程师

国家一级注册建筑师

华中科技大学建筑学硕士

致力于建筑专业领域近三十年，主持设计、设计管理各类建筑业务，包括办公、商业综合体、产业园、酒店、文教、居住、规划、景观、室内等。代表作包括中山文化中心、中共中山市委党校、深圳百仕达花园、中国凤凰卫视大厦、深圳华润中心、中国平安国际金融中心等等，获得多项国家级、省部级、市级奖项。诸多作品成为地标性建筑或者该类型建筑的标杆。

在《建筑师》《新建筑》《华中建筑》《建筑学报》《住区》等中文核心期刊上发表多篇学术文章，并长期担任《世界建筑》编委。

在多个官方平台担任专家，参加项目评审工作，包括深圳市建设工程专家库、广东省勘察设计行业专家库、深圳市住房和建设局专家库等。担任首届深圳市优秀注册建筑师、优秀总建筑师、优秀项目负责人评审委员会评委。心系教育，担任华中科技大学与城市规划学院硕士研究生校外导师。受邀参加广东省工程勘察设计大师认定工作。

曾获得深圳市勘察设计行业优秀企业家、中青年技术精英、深圳市高层次专业人才、深圳杰出建筑师等称号。

担任历届深圳市注册建筑师协会副会长、理事，另担任世界高层建筑与都市人居学会（CTBUH）中国办公室理事会理事。

被 CTBUH、《设计家》、《建筑周刊》、深圳新闻网、网易、腾讯等多家专业机构、主流媒体采访、报道。

个人秉持"专长、自主、奉献、责任"的职业生涯原则，专注于包括研究、规划、设计、建造、管理等系列建筑学实践。

专长——系统的知识、才能和理论，持续学习日新月异的知识、技术。

自主——学术独立，向业主或使用者提供专业服务，不受任何私利支配，对建筑的艺术和科学的追求优先于其他任何动机。

奉献——在代表业主和社会所进行的工作中诚信承诺，以高度无私的奉献精神，作出公平无偏见的判断。

责任——作为项目全程管理者和服务者，建筑师的工作会对国计民生产生重大影响，深刻认识城市文化传承的责任，立责于心，履责于行。

主张建筑实践的"可持续义务"，从生态系统环境和自然资源角度，注重建筑能耗、绿色设计。了解当下建筑生产方式的根本转变，关注全球建筑产业化进程及国内行业现状，积极推动产业化语境下的市场运营和企业转型的探索。

主张不囿成见、坚持创新。作为建筑师，高远的视野、开放的态度、不破不立的勇气和对建筑设计的信仰是必不可少的。在对多元城市的探索、发现、挖掘中，利用毕生所学、智慧融合、信息共享，在环境与文化的语境下呈现更好的作品。

主张"立己立人"。个人、团队、公司、行业、社会乃至国家的发展，要的是更多的人实现自己的社会价值，所以，带着团队成长，跟公司一起发展，促进行业进步，为社会贡献力量，是对责任担当的信念。

主张广义的工匠精神，以精益求精的态度坚持追求工程实践的品质。使建筑成为推动交流、促进互动、激发创造的"有机体"，成为城市、社会乃至人类的物质文化财富。

设计感想

建筑设计是一件严肃而谨慎的事情。

通常情况下，建筑是在一系列现有条件，以及一系列限定条件下，经过设计、建造出来的。从本质上讲，限定条件可以是纯功能性的，或者说它们在不同程度上反映了社会的、经济的、政治的，甚至有时是异想天开或象征性的意图。现有条件是需要建筑师的创作活动去寻求一条途径，实现一套新的条件，从而提出解决问题的答案。设计，就是一个从提问题到找答案的过程。

任何设计过程的第一阶段，就是去认识问题的所在。建筑师首先必须把问题的现有条件详加整理，弄清来龙去脉，收集相关资料，掌握并消化。这是设计过程中一个极其重要的阶段，因为对问题的看法、理解和表达，这些与答案的实质存在不可分割的联系——即问题是答案的一部分。问题都没能清晰明确，企图找到解决的答案绝无可能。

面对问题，建筑师势必要预测答案，其掌握的设计语汇的广度和深度，不仅会影响到对问题的认识，而且也将影响到答案的形成。因此，设计语汇的学习积累、实践锤炼是一项对建筑师来说必须终生坚持的工作。

建筑作为一门艺术，它具有独特的艺术语言，建筑形象具有文化价值和审美价值，不能单单是满足设计任务书纯粹功能上的要求。从根本上来说，建筑在物质上的表现，是顺应人类活动的，而空间和形式要素的安排和组合，决定建筑物如何激发、影响人们的审美，引起反响，以及表达它的意义。因此，研究设计，掌握建筑形式和空间的

要素，在一个设计概念的发展过程中妥善地处理这些要素，并最终呈现出建筑"艺术"的视觉含义及其审美价值，是我们建筑师应该做的事情。

形式和空间在建筑中的共生关系在不同程度上存在着。不管在哪种程度上，我们不仅要考虑到一个建筑物的形式，而且还要考虑到它对周围空间的影响。每一个空间的形式，不是决定了其周围的空间形式，就是被周围的空间形式所决定。在一座建筑物中，总是有好几种类型的空间形式相互穿插，而每一种类型，在限定空间方面都有它的主动和被动的作用。

在一个城市的范围内，我们在设计建筑的时候必须考虑到，它是否应该成为一个场所现存建筑物的延续部分，作为其他建筑的背景、限定一个城市空间；或者它是否适合于作为空间中一个独立存在的物体。而不是一味求"异"，以"怪"博眼球，盲目追求视觉效果，滋生出一股浮夸的风气，不但影响了行业的健康发展，而且在城市的美好的面容上留下了瘢痂。

建筑设计终归是一件严肃而谨慎的事情——严肃的问题，谨慎的答案。随着时代的发展，建筑形式和空间的内涵与外延不断发生变化，然而，每个时代的建筑师都应该对于传统——那种延续不断的文化——给予重视，让"构思"在其中濡染陶冶、汲取精华，使过去蕴含在现代之中，让创新和发展有根基、有来源、有依凭，而不是徒留丑陋皮囊，到底意难平。

深圳华润中心二期项目

项目职责：项目总负责人
项目地点：广东省深圳市
建筑面积：294000m²
建筑高度：166m
设计／竣工：2005 年 /2010 年

　　华润中心二期已经全面建成并投入使用，并与一期业态相互补充，形成了集高端住宅、特色餐饮、休闲购物、文化娱乐、高档酒店等多功能于一体的深圳最具规模的城市综合体之一，也是深圳乃至大中华地区综合体建筑的典范。设计将众多相互独立，又关联紧密的建筑功能恰到好处地组织在一起，使其各自拥有独立的组织空间和交通流线，并且在使用过程中又能相辅相成，共享资源，迷人的小酒吧和雅致的高级餐厅，精巧地布置在各个交通流线的节点处，生动点缀了整个地块。

华润深圳湾综合项目

项目职责：项目总负责人
项目地点：广东省深圳市
建筑面积：270000m²
建筑高度：392.5m
设计／竣工：2012 年 /2017 年

　　华润深圳湾综合发展项目华润总部大厦"春笋"项目位于深圳市南山区后海中心区，海德三道、科苑大道、登良路交汇处，项目地块东侧与深圳湾相邻，其间以登良路相隔。项目北侧为深圳湾体育中心。项目用地南北方向长143m，东西方向宽约150m，项目用地面积为15658.41m²。规划用地性质为办公、美术馆和相应的配套设施。项目由 4 层地下室和 3 个单体组成，单体分别为 1 座 66 层超高层办公塔楼和 2 座单层建筑，总建筑面积约 27 万 m²，塔楼高度为 392.5m。

平安国际金融中心

项目职责：项目总负责人
项目地点：广东省深圳市
建筑面积：460700m²
建筑高度：599m
设计／竣工：2009 年 /2016 年

　　项目位于深圳中心区中心地段，毗邻 Coco Park，与地铁 1 号、3 号线连接。总建造面积 46 万 m²。其中包括 32 万 m² 办公楼，5.9 万 m² 商业面积。楼层共 115 层，总高度比上海环球中心高出 100 多米，塔楼顶部设置大型公共空间，人们可以在这里俯瞰深圳及珠江三角洲。平安金融中心的建筑意象可以呼唤起对早期经典摩天大楼的记忆：古典的轮廓、对称的造型、高耸的比例、竖向石材条纹以及长长的塔尖，象征着对城市未来的无限期望。建筑在底部较为舒展，塔楼随着细长的塔尖慢慢升高，一气呵成的气势在高塔尖端达到极致并继续冲向云霄。

任炳文

中国建筑东北设计研究
院有限公司副总经理
中国建筑东北设计研究
院有限公司深圳院院长
教授级高级建筑师
国家一级注册建筑师
香港建筑师学会会员

刘 战

中国建筑东北设计研究院
有限公司总建筑师
中国建筑东北设计研究院
有限公司深圳院副院长
教授级高级建筑师
国家一级注册建筑师
香港建筑师学会会员

设计理念

　　建筑是艺术，更是人们生活的居所与容器，承载着历史，书写着文化，它就像一个个像素，或零散，或密集，构成了乡村、城市乃至整个世界，营造和谐与美好的社会与环境是每个建筑师不可推卸的责任与使命，成功的设计不是一蹴而就，奇思妙想与灵感爆发的背后是无数个日夜的磨炼与坚持，唯有热情远远不够，正确的思维，广博的知识以及不断实践终将形成质的飞跃。建筑师时而需要天马行空，放飞自我，时而需要隐忍锋芒，内敛心境，去掉浮华而归于自然是建筑师的至高境界。

郑州新郑国际机场 T2 航站楼

郑州新郑国际机场 T2 航站楼

沈阳桃仙国际机场 3 号航站楼

河南省南阳市机场航站楼

深圳市宝安国际机场 A、B 号航站楼

郑州新郑国际机场 T1 航站楼

中建钢构总部大厦

深圳宝安国际机场信息指挥大厦

深圳宝安国际机场物流园联检综合楼

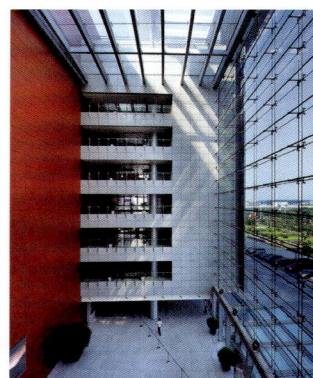

深圳宝安国际机场信息
指挥大厦

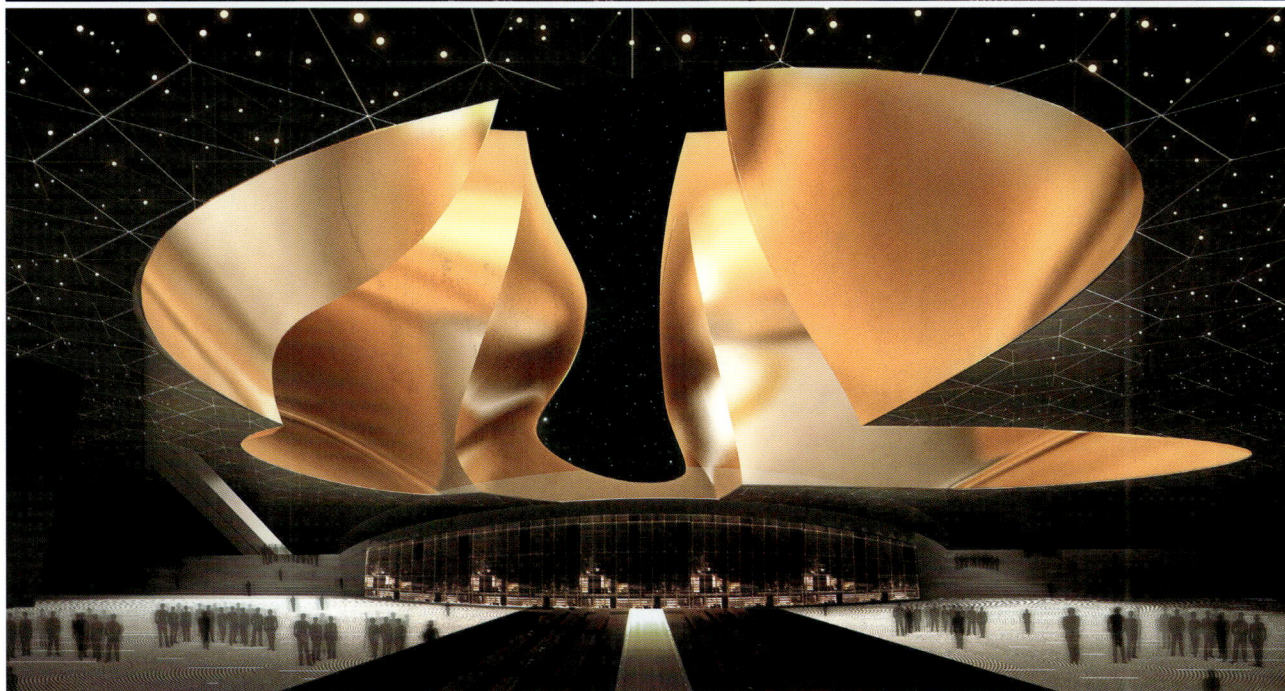

深圳光明文化艺术中心（投标）

上海黄金交易所深圳运营中心（投标）

新疆乌鲁木齐国际机场（投标）

锦绣科学园（投标）

盘锦体育中心（投标）

金立科技大厦（投标）

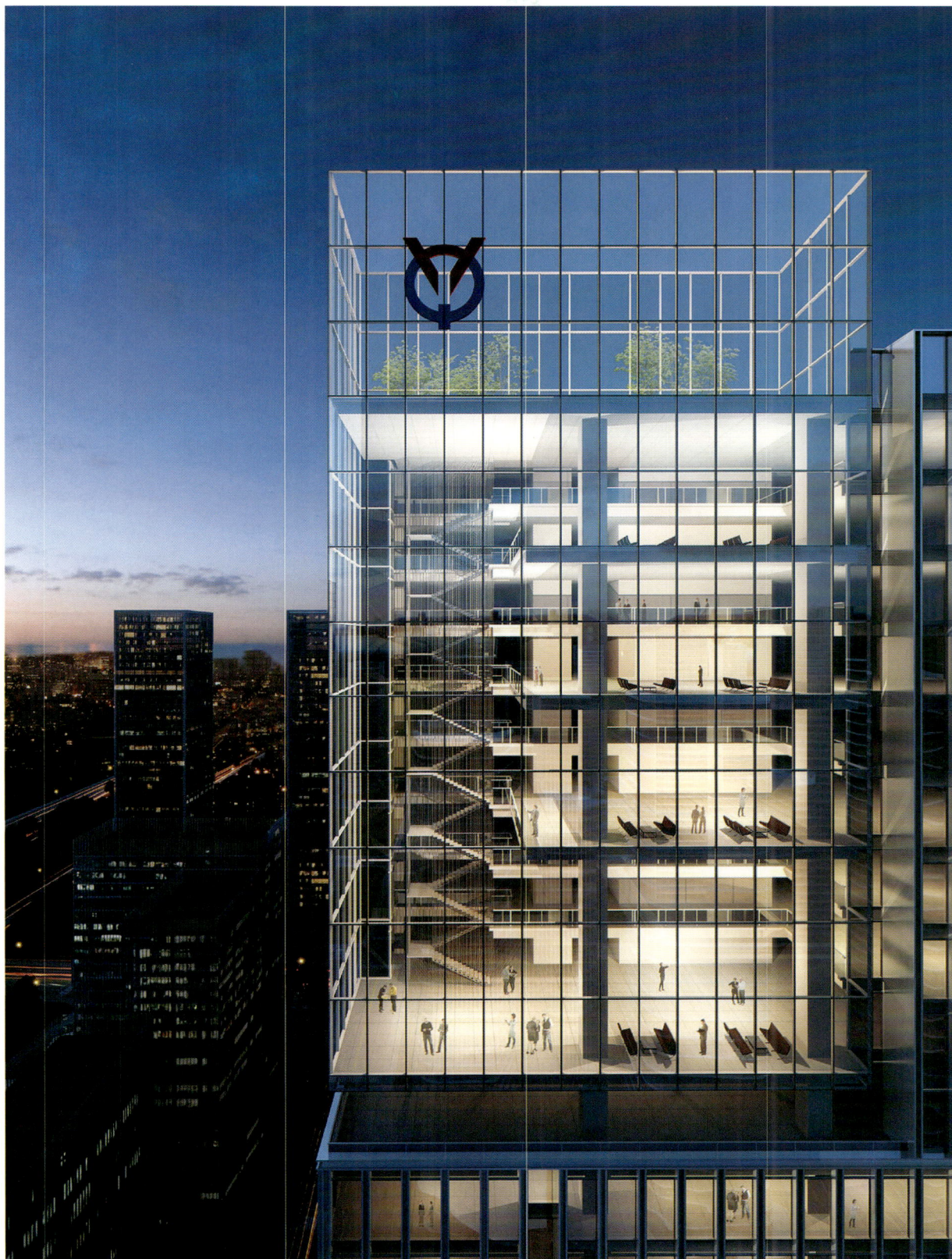

华强集团大厦（投标）

冯越强

深圳市欧博工程设计顾问有限公司
董事合伙人 / 主持设计师

深圳市政府建筑规划专家
深圳龙岗区城市规划委员会委员
广东中山市城市规划顾问
贵州大学客座教授
重庆大学兼职教授
英国大英百科全书海外编委会成员
法国建筑科学院海外荣誉会员

感悟

中国 40 年的建筑大发展，从本质上讲仍是在重复历史上曾有的社会大发展下的现象。建筑的结果是提供人类的生活空间，或者，人类依托的精神、信仰方式以人为尺度的模拟空间。从建筑产生的那天起，天生就具备建筑群落特征，即产生于一种有意识或潜意识的依托规则下有秩序的聚落属性。该属性不仅表达人类生存的基本需求和扩延的"象征"需求——表达某种神力，权力和社会人文的附着需求。毫无疑问，建筑又是伴随社会分工、技术发展和时间密度和维度而产生，逐渐进化甚至"基因突变"。"基因突变"是社会经济突变下的建筑反映。"40 年中的建筑"发展便是这种现象的反映。

城市中的建筑本该有多个维度考虑。反观当下现状，不是"文化的失重""经济的差别""资本的工具""权力的象征""自信的表现""身份的象征""技术的从属"的结果，便是"制度程序"的产物，或是"世界经济和互联网"下的无性产物。这些产物带来的后果是，建筑之本原性在高速种植的建筑物下逐渐遥远，直至忘却和消失了原点。

当一个民主的社会和良好的社会秩序重返和重建时，建筑的本原性才会引起社会的关注，才会回到建筑自身的原点，才会回到城市中建筑的城市空间秩序性，才会使得建筑聚落具备城市公共空间应当具有社会属性，建筑才会充分体现空间需求、技术运用、合适性能和美学的人文性；作为地球上最重要的耗能物，才会回归至其适当的能耗并保持在可持续的范围内。作为人工产物的建筑才会达到与地球物理表层变化的某种平衡。在从事建筑行业的人在获得职业的提升与社会尊重的前提下，建筑自身的属性与本原才会得到充分体现与表达。

定位建筑、街区建筑、城市建筑和地域建筑属性下，有趣和复合空间的建筑应该是继前四十年中国建筑大发展之后的发展方向，或许也是未来建筑具有生命力的大趋势。至少我带领的欧博设计（AUBE）坚信这一点并为之孜孜不倦努力着。

主要获奖作品

1. 深圳华侨城 OCT 生态广场
   2011 年全国人居经典建筑规划设计方案竞赛活动 规划、环境双金奖；广东园林优秀作品（第一批）
2. 深圳南海益田半岛城邦建筑设计
   2010 年全国人居经典方案综合大奖
3. 深圳市南山商业文化中心景观设计
   2010 年全国人居经典方案规划、环境双金奖
4. 合肥市澜溪镇花园洋房
   2009 年安徽省优秀工程勘察设计行业二等奖

5. 深圳鹏基商务时空
   深圳市第十三届优秀工程公共建筑三等奖
6. 深圳半岛城邦
   深圳市第十三届优秀工程住宅建筑二等奖
7. 安徽省国际会议展览中心工程
   合肥市 2004 年十大建筑工程称号
8. 嘉华国际商务中心
   2002 年全国人居经典建筑方案大赛商务组综合大奖

深圳华侨城生态广场

贵阳国际会议展览中心 &201
大厦

康佳研发大厦

深圳半岛城邦花园（一、三、四、五期）

林建军

深圳市欧博工程设计顾问有限公司董事总经理

高级建筑设计师
西安建筑科技大学建筑学学士

自 1993 年从西安建筑科技大学毕业以来，积累了丰富建筑设计及项目管理经验，完成项目包括超高层办公楼、大型商业综合体、公寓、酒店在内的各类建筑类型。团结并带领欧博全体同仁，坚持不懈地在规划、建筑、工程、景观等专业领域深入探索和积极实践。作为深圳国际会展中心的项目总负责人，带领团队在项目工程进度紧、规模大的情况下顺利推进施工进展。曾获得深圳市土木建筑学会 2012 年度"企业优秀管理者"荣誉以及多个项目奖项。

建筑——多层面调和的平衡体

建筑设计是艺术创作的实践过程，也是对自然环境和人造空间再认知的反思过程。建筑是人类改造环境的因子和产物，表达自身的同时，必须与周边环境相融合。

经济发展和建造水平的突飞猛进，总让人们对更新、更高、更大、更有想象力的建筑跃跃欲试，仿佛突破地球引力都指日可待。在利用一切新兴科技手段和建造方法对自然界进行再创造的过程中，我们对地球原本的物理表面与自然环境带来的损伤和破坏也忧心忡忡，调和欲望膨胀与地球资源损耗之间的平衡，值得建筑师深思。

建筑创作是多层面交织体的解码过程。不但要考虑周边环境条件，人文历史背景，城市地区经济，规划限定条件，投资造价控制，新材料和新技术运用，未来可持续发展，还要满足政府决策者、承建开发商、终端使用者的多样诉求，诸多因素相互交错叠加，制约并启发着建筑设计的全过程。

建筑师必须从这些制约条件中最大限度地发现问题，而且要以适当的策略，辩证的思维方法，理清各种因素的自身特性、主次从属、连接关系。将它们悉数重新定义，明确必须遵循项、可妥协项、可调解项、可置换项、可弃置项，并在相互间建立符合建筑学原理的内在逻辑秩序，按主从关系重新排列组合。经历判断、权衡、调和的思维和选择过程，在创意灵感的统筹下，运用科学归纳分析法，将原本无形的多层面诉求和因素形象化，以建筑语言转译传达，展现社会公共性、空间特征性、感知愉悦性、形态创新性、技术合理性、环境适应性，最终以建筑设计的表现手法，将内在空间特质和外在形体表达有机整合并物质呈现，且能与周边环境和谐共处。

面对每个项目，秉承人本原则，以极简策略应对涉及自然、社会、经济、人文等多层面因素，从容高效而不失社会责任感地判断与调和，创建非孤芳自赏的多层面平衡，对于建筑师，既是难事，也是幸事。

深圳国际会展中心建设工程（在建）

水贝珠宝总部大厦

深圳侨城坊

深圳华联城市全景花园

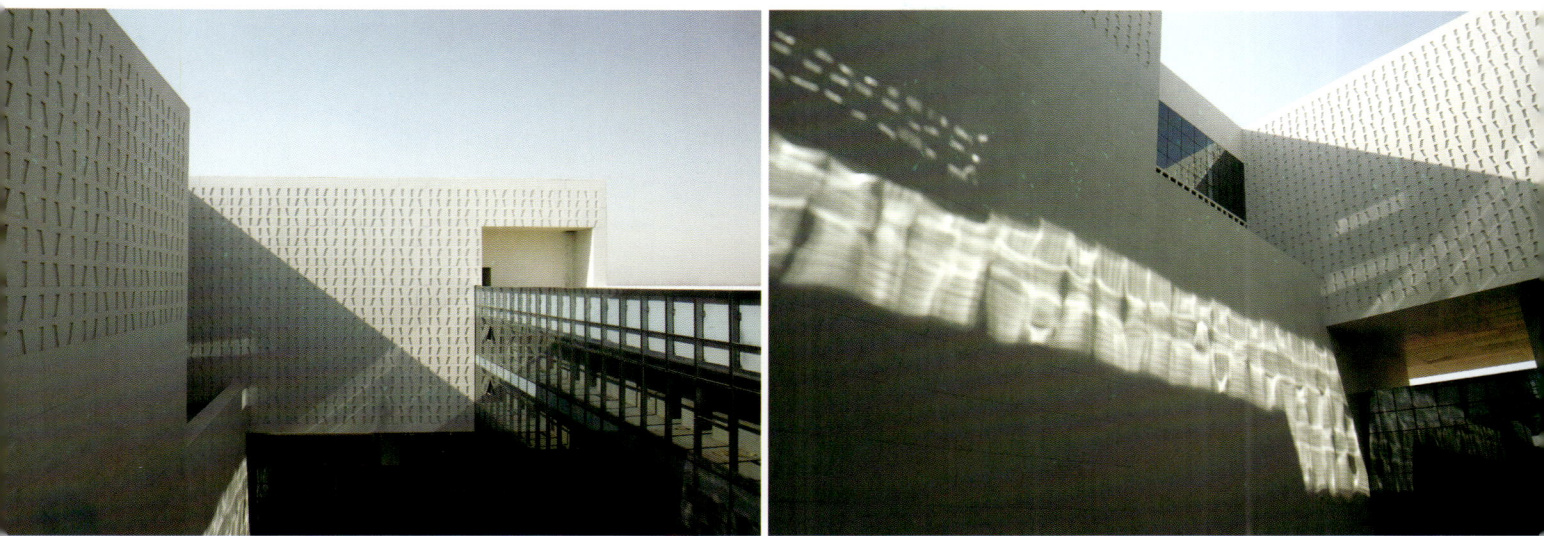

宿州市城市规划展示馆

蔡 明

C&Y 开朴艺洲设计机构 董事长、总建筑师
天津大学建筑学院（深圳）建筑研究院办公建筑所负责人

深圳住建局、规划局评标专家
深圳水彩画协会会员

　　怀抱蔡元培大师的"美学救国"理念，蔡明先生一直倡导建筑技术与艺术的完美融合，执着热爱与追求艺术，以不断积淀独到的审美指引实践，致力于创造符合时代特色和精神的作品，曾荣获亚洲建筑规划设计区域十大创新人物奖、世界华人建筑师协会（WACA）设计奖等国内外专业奖项，作品入选《世界建筑》等权威媒体。深厚的修养与开阔的眼界，使他能够敏锐地预判商业趋势，发掘价值潜能，博采众长，运筹帷幄。

　　"知行合一"是蔡明先生始终坚持的价值观，讲求任何设计都需要因地制宜解决问题，研发具有前瞻性的产品，在融会贯通的同时传达独到的思考内涵。历经十五年的开拓进取，带领开朴艺洲设计团队，根植高速发展的深圳，践行地域差异的中国，持续创造高品质的场所文化，传递新时代的生活体验，已逐步发展成为跨界整合设计、艺术、建造与研究的综合设计服务平台。

主要获奖作品

南宁融创九棠府
　　2017 年人居生态建筑规划设计方案评
　　选年度优秀建筑设计奖
中粮凤凰里
　　2016 年第三届深圳市建筑工程施工图
　　编制质量住宅类（金奖）
奥特迅工业园
　　2016 年第三届深圳市建筑工程施工图
　　编制质量公建类（金奖）
中粮天悦壹号
　　2016 年第三届深圳市建筑工程施工图
　　编制质量住宅类（银奖）
梅县外国语学校
　　2016 年第二届深圳建筑创作奖施工图
　　（二等奖）

2016 年第二届深圳建筑创作奖已建成
项目（三等奖）
2016 年第十七届深圳市优秀工程勘察
设计（三等奖）
银川市文化艺术馆新馆及老年大学
　　2016 年第十七届深圳市优秀工程勘察
　　设计（三等奖）
河北阜平天生桥镇朱家营村美丽乡村设计
　　2016 年人居生态国际建筑规划设计综
　　合大奖
西安紫薇风尚锦程
　　第十届金盘奖年度最佳公寓、公寓类
　　年度网络人气奖
西安紫薇东进销售中心
　　2013 年世界华人建筑师协会设计奖

深圳现代国际大厦
　　2007 年度中国最佳写字楼
南昌高能金域名都
　　全国 2007 年度广厦奖
安徽合肥科园九溪江南
　　年度亚洲最佳人居环境社区奖
北京中国建筑文化中心
　　2002 年全国第十届建设部优秀工程设
　　计项目（银奖）
　　2000 年中国建筑工程总公司第五届海
　　外工程（一等奖）
深圳市福田区第二办公大楼
　　2001 年广东省优秀工程设计（二等奖）

西安紫薇东进销售中心
2013 年世界华人建筑师协会设计奖

现代国际
2007 年度中国最佳写字楼

深圳创佶国际广场

张家港爱康大厦

明德学院（满京华校区）
合作：广州源计划建筑事务所　摄影：张超

满 志

深圳市东大建筑设计有限公司董事长
东南大学建筑设计研究院深圳分院院长

东南大学建筑系建筑学硕士
长江商学院 EMBA

　　伴随着深圳的改革开放，东南大学建筑设计研究院深圳分院是最早一批投身深圳建设热潮的建筑设计机构，创始院长为孟建民院士。1994 年 9 月，满志从东南大学建筑学院讲师任上，来到深圳接任分院长，随后，分院改制为深圳市东大国际工程设计有限公司，是一个以公共与民用建筑设计为核心业务的，研究性、创新性综合甲级设计机构。二十五年来，满志带领着一群以东大学人为核心的团队，依托雄厚的学院底蕴，秉承特区开拓、创新的信念，立足深圳，面向全国，奉献出人民大会堂福建厅、台湾厅，福建武夷山庄，深圳龙岗文体中心，深圳清真寺，三亚金中海蓝钻等一批设计精品；获得包括国家金质奖，建设部、教育部优秀设计一二等奖在内的多个荣誉。

　　满志作为对建筑设计执着追求的建筑师，既是多个优秀设计项目总负责人，也负责公司重大项目的技术指导和组织；作为设计机构的领军人，塑造了东大国际广阔的视野，开拓、进取的精神特征。

主要业绩

深圳龙岗文化中心　建设部优秀设计二等奖

深圳万科东方金色沁园　教育部优秀设计二等奖

东莞市报业大厦　教育部优秀设计二等奖

广东东莞人民医院（合作设计：美国 CMC 建筑与规划设计事务所 / 上海励翔建筑设计事务所）

山西省儿童医院综合门诊楼

深圳市时代财富大厦（合作设计：澳大利亚墨尔本 KCP 城市规划设计公司）

深圳市移动梦网大厦

深圳市宝投航城工业园

深圳市易思博软件大厦（合作设计：童明教授工作室）

深圳市东方金钰国际中心

深圳市易思博软件大厦

东莞人民医院

东莞市规划展馆

深圳龙岗文化中心

深圳市时代财富大厦

深圳市宝投航城工业园

深圳市东方金钰国际中心

深圳市移动梦网大厦

于天赤

建学建筑与工程设计所有限公司董事、总建筑师

深圳分公司总经理

国家一级注册建筑师、高级工程师

中国建筑学会资深会员

中国城市科学研究会绿色建筑与节能专业委员会委员

广东省城乡规划行业评审专家

广东省建设工程绿色发展协会评审专家

深圳市绿色建筑协会专家委员会专家

深圳市第二届杰出建筑师

环境建筑

一方水土养一方人，一方人创造一方文化、一方建筑。现在大家都在谈论"在地设计（In site）"，实际上就是讨论环境与建筑的关系。环境是我们设计的前提，只有对气候、地形地貌，对地方风土人情的充分认识、研究，才有可能创作出"此时此地"的建筑。我们的设计也只有放在真实的环境中，才可以评估它是否"得体、恰当"。

从环境角度规划城市，

从环境角度设计建筑，

从环境角度营造景观，

在环境中当好"配角"，设计好"背景"。

这是我的建筑观！

主要获奖作品

1. 中山市逢源商业街项目获得第二届中国建筑学会威海国际建筑设计大奖赛优秀奖

2. 胶南·隆和"邻廊水岸"度假公寓项目获得第四届中国建筑学会威海国际建筑设计大奖赛优秀奖

3. 阳江市颐景花园二期项目获得 2007 年度全国人居经典建筑规划设计方案竞赛规划金奖

4. 中山市乒乓球馆项目获得第二届全国民营工程设计企业优秀设计华彩奖铜奖

5. 烟台市艾山温泉国际旅游度假村项目获得 2008 年度全国人居经典建筑规划设计方案竞赛建筑金奖

6. 深圳市石岩云熙谷项目获得 2015 年全国人居经典规划、建筑双金奖

阳江市海陵岛海韵戴斯酒店项目

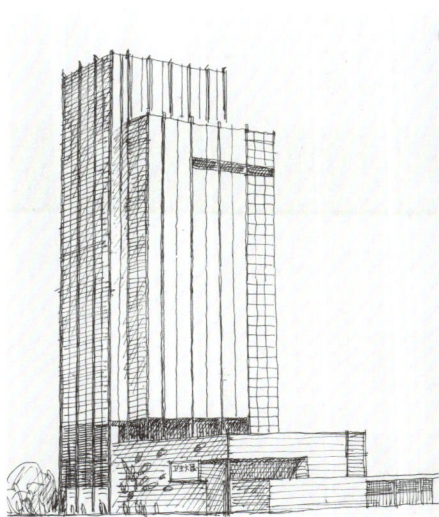

青岛市阳光大厦

深圳市盐田海桐文体公园

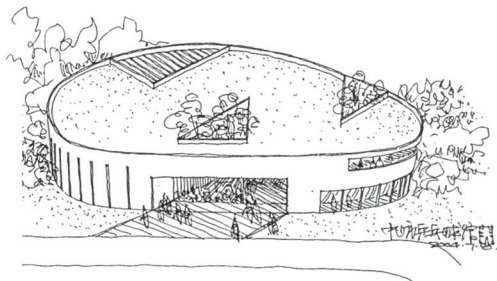

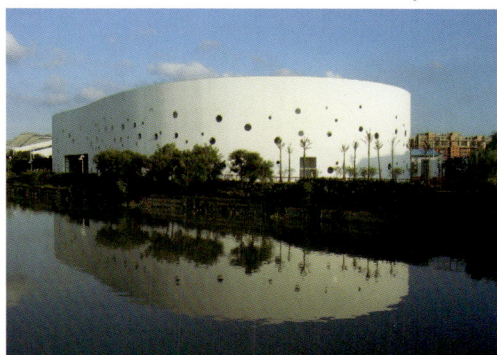

中山市乒乓球馆

深圳市龙岗区布吉街道木棉湾学校

徐金荣

中外建工程设计与顾问有限公司深圳分公司董事总建筑师

清华大学建筑学硕士

中欧国际工商学院 EMBA

国家一级注册建筑师 / 高级建筑师

2014 年度中国酒店最佳建筑设计师

2016 年度第一届深圳市杰出建筑师

深圳市建筑工程交易中心建设工程评标专家

深圳市注册建筑师协会常务理事

深圳市政府专家库专家

　　从事建筑设计 28 年来，从城市规划到建筑群体到景观，主持设计过各类型项目，包括旅游地产、居住建筑、公共建筑、工业建筑、商业建筑、城市设计、景观设计、乡村建设，等等。

　　徐金荣先生致力于追求规划、建筑、景观一体化的设计；致力于实施设计作品的经典性和人文关怀；致力于探索中国传统文化、建筑的传承和演进。既具有精深的理论造诣又具有丰富的实践经验，同时对书法、篆刻、绘画、佛学、风水等方面有较深的研究。

主要获奖情况

2017 年全国优秀工程勘察设计（优秀建筑工程类）三等奖

2017 年香港建筑师学会海峡两岸与香港、澳门建筑设计卓越奖

2017 年广东省优秀工程设计二等奖

2017 年第三届深圳建筑创作奖银奖

2016 年深圳第十七届优秀工程勘察设计（公建类）一等奖

2016 年第二届深圳建筑创作奖金奖

2016 年世界华人建筑师协会居住建筑设计优秀奖

2015 年首届深圳创意设计七彩奖优秀奖

2014 年深圳市第十六届优秀工程勘察设计（公共建筑类）一等奖

2005 年建设部城乡优秀勘察设计三等奖

XuJinRong 2013.8.12.

西双版纳云投喜来登度假酒店

用地面积：10.36 万 m²
建筑面积：2.77 万 m²
客 房 数：豪华客房 80 间、泳池别墅 25 套
项目地址：西双版纳勐腊县
设计时间：2009 ~ 2011 年

2017 年 香港建筑师学会海峡两岸与香港、澳门建筑设计"卓越奖"

2015 年 英国剑桥公爵威廉王子携访华的主要英方工作团队莅临西双版纳勐仑安纳塔拉度假酒店

2015 年 世界华人建筑创作奖

2015 年 广东省优秀工程勘察设计评选（公共建筑）三等奖

2014 年 深圳市第十六届优秀工程勘察设计评选（公共建筑）一等奖

2013 年 时代楼盘第八届金盘奖年度最佳度假型酒店

2012 年 全国人居经典建筑规划设计方案竞赛规划、建筑双金奖

2012 年 入选中国最值得期待新开业酒店

2011 年 入选年度中国酒店百强

西双版纳勐仑安纳塔拉度假酒店

用地面积：10.79 万 m²
建筑面积：7.55 万 m²
客 房 数：326 间
项目地址：西双版纳景洪市嘎洒镇
设计时间：2010 ～ 2011 年

2016 年　第二届深圳建筑创作奖（已建）三等奖
2015 年　时代楼盘第九届金盘奖年度最佳度假酒店时代楼盘第九届金盘奖年度最佳网络人气奖
2014 年　全国人居经典建筑规划设计方案竞赛建筑金奖
2014 年　最佳新开酒店奖（《旅游休闲》杂志 2014 年度旅游大奖）
　　　　极居中国——年度最值得期待酒店奖（《ACROSS 穿越》杂志）
2014 年　最佳新开业酒店奖（《贵在上海》杂志）
　　　　TOP 100 最佳酒店及度假村最佳新开业酒店奖（《旅行者》杂志）
　　　　"臻选周末" 最佳旅行奖最佳休闲度假酒店（《城市旅游》杂志）
　　　　港、澳、台及海外华人最喜爱酒店奖
　　　　"最佳 MICE 酒店"（《移居上海》杂志）

海南七仙岭希尔顿逸林度假酒店

用地面积： 10.49 万 m²
建筑面积： 5.5 万 m²
客 房 数： 客房 253 间，别墅 153 套
项目地址： 海南省保亭县
设计时间： 2011 ~ 2013 年

2012 年 全国人居经典建筑规划设计方案竞赛建筑、环境双金奖
2015 年 第十届金盘华南赛区年度最佳网络人气奖

无锡深南电路产业园

朗园

宜昌城东公园

特发和平里花园Ⅰ、Ⅱ期超高层

肖　诚

深圳市华汇设计有限公司
董事长 / 首席建筑师

国家一级注册建筑师
天津大学建筑学院建筑学硕士
中欧国际工商学院高级工商管理硕士

学术编委

《建筑师》杂志
《AT 建筑技艺》杂志
《城市·环境·设计（UED）》杂志
《住区》杂志
《工程建设与设计》杂志

展览

2018.05 威尼斯建筑双年展 参展（意大利 威尼斯）

2017.03 香港十年百名建筑师展 参展（中国 香港）

2016.11 德国柏林 20 世纪博物馆国际设计竞赛入围方案展览 参展（德国 柏林）

2016.11 第九届世界建筑节 WAF 全球入选作品展览 参展（德国 柏林）

2015.10 北京设计周——10×100 UED 十年百名建筑师展参展（中国 北京）

主要荣誉

亚洲建协建筑金奖（2009 年）
第七届中国建筑学会青年建筑师奖
（2008 年）
全球华人青年建筑师奖（2007 年）
世界华人建筑师协会金奖（2011 年）
全国优秀工程勘察设计行业奖优秀建筑工程设计二等奖（2017 年）

重要竞赛及国际奖项

德国柏林 20 世纪博物馆以及周边城市整合设计竞赛全球十强（2016 年）
深圳超级城市国际竞赛第一名（2014 年）
WAF 世界建筑节入围公民建筑入围奖
（2017 年）

香港建筑师学会海峡两岸与香港、澳门建筑奖银奖 & 优异奖 / 四项（2016 年）
第九届亚太设计师联盟 IAI 最佳设计大奖（2015 年）

主要国内奖项

詹天佑大奖住宅金奖（2007 年）
中国建筑学会建筑创作银奖三项
（2016 年）
第三届深圳建筑创作奖 一等奖 / 三项
（2017 年）
世界华人建筑师协会银奖（2014 年）
全国人居综合大奖 建筑金奖（2014 年）
全国人居经典建筑规划金奖、综合大奖 /

两项（2013 年）
世界华人住宅与住区建筑设计奖
（2012 年）
世界华人建筑师协会公寓设计奖
（2012 年）
中国人居范例建筑规划竞赛最佳设计方案 金奖（2011 年）
第五届中国精锐科技住宅奖建筑设计 金奖（2008 年）
第二届中国"百年建筑"奖综合大奖
（2006）

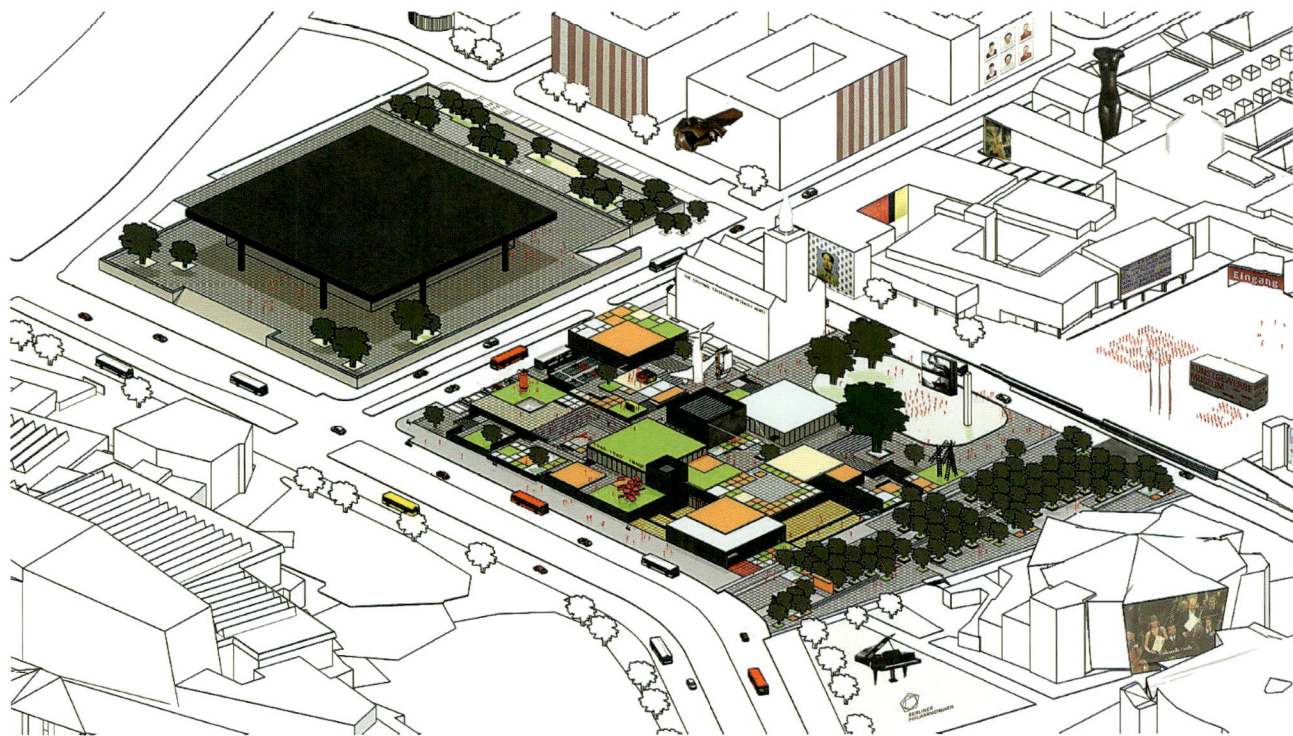

柏林 20 世纪博物馆以及周边城市整合设计竞赛——全球 TOP10 入围方案

深圳湾超级总部基地城市展厅

合肥北城中央公园文化艺术中心

重庆天地艺术馆

深圳万科金域华府

深圳前海国际会议中心

深圳湾超级总部基地城市设计竞赛第一名〝汇谷林城〞

西藏非物质文化遗产博物馆

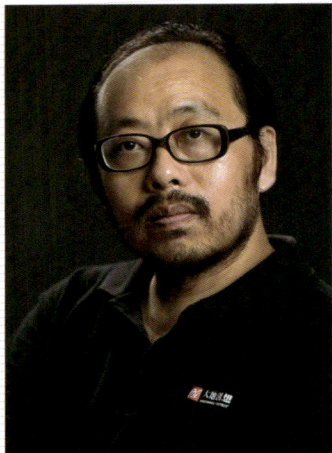

袁俊峰

深圳大地创想建筑景观规划设计有限公司
联合创始人、首席创意官
资深建筑师

主要获奖项目及业绩

1. 美的总部大楼（国际竞赛第一名，实施项目）
2. 杭州政苑区域配套公建项目（国际竞赛第一名，实施项目）
3. 厦门国际机场低成本航站楼（国际竞赛第四名，任项目经理）
4. 长沙黄花国际机场 2 号航站楼扩建工程（国际竞赛）
5. 杭州市本级区域规划设计（国际竞赛，任项目经理）
6. 天津团泊国际网球中心（国际竞赛）
7. 瑞山生态旅游度假区规划设计
8. 广西桂林乐舟之洲生态园规划
9. 济宁毅德物流城设计
10. 厦门五缘湾"三乐屿"项目设计
11. 深圳南山区后海 T105-0040 地块建筑设计
12. 通天地九龙湾国际度假区规划设计
13. 五爱深港物流商务中心建筑设计
14. 五爱深港物流商务中心城市更新规划设计
15. 珠海莱茵半岛高层公寓
16. 安徽济民肿瘤医院立面设计
17. 西安高陵国际会议中心
18. 深圳航天大厦
19. 长沙芙蓉区 CBD 规划
20. 北京人寿研发中心总体规划项目
21. 甘肃会展中心
22. 河北兴隆新城概念规划
23. 大庆五湖地区规划
24. 珠海歌剧院概念竞赛

瑞山度假休闲会所

瑞山度假休闲会所

在瑞山度假休闲会所的设计上，一方面与场地自然形态充分融通交汇，将现有的景观生态资源优势最大化发挥，另一方面在客家文化的审美趣味上与时代背景充分协调，形成一个既彰显客家围龙屋、五凤楼传统视觉符号，又包含现代养生度假时尚理念的全新的客家养生文化综合体。

美的总部大楼

前海经山洛水城图 1

美的总部大楼

美的总部大楼由美的集团投资 6.5 亿元倾力打造，是美的全球化形象拓展的一个重要举措，大楼主楼高 128 m，建筑总面积 97000 m²，大楼的立面构成是该项目获得成功的最主要原因之一，通过简单的几何逻辑构建的双曲面抛物面象征了美的集团向上的动势和对美的不懈追求。大楼现在已经建成投入使用，成为了当地最具特征的地标建筑物之一。

前海"经山络水城"

"经山络水城"是一个延续自然地形地貌特征并具有完善城市功能的全新城市形态。在规划上，力求扩大海湾的空间尺度感，避免高层建筑对其的围堵。"经山络水城"既是人类的乐园，也是动物的天堂，具有自然多样性的城市结构，为人类与动物和谐共存提供了条件。在城市形态与功能上，诸如商业、娱乐等大尺度的公共空间被覆土后联成整体，形成大型空中公园"漫花坡"，人类的工作和生活将在这里重新构建，"工作山脉"尺度较大成为主脉，"生活山脉"尺度较小成为次脉，两者既相连系又保持距离，是理想的生活与工作距离的实体化表现。另外，灵活，快捷的轨道自行车系统是一种全新的绿色交通方式，将有效缓解传统交通的压力。

前海经山洛水城图 2

40

1978-2018

二、深圳杰出建筑师

深圳杰出建筑师名录

1 陈邦贤 /134
2 陈日飙 /138
3 费晓华与
　雅本团队 /142
4 冯果川 /146
5 龚维敏 /150
6 郭晓黎 /154
7 郭智敏 /158
8 黄晓东 /162
9 黄河 /166
10 侯军 /170
11 李舒 /174
12 李朝晖 /178
13 林镇海 /182
14 林彬海 /186
15 陆强 /190
16 毛晓冰 /194
17 钱欣 /198
18 覃力 /202
19 王晓东 /206
20 韦真 /210
21 金逸群 /214
22 赵宝森 /218
23 俞伟 /220

24 郭文波 /224
25 鲁艺 /228
26 侯菲 /232
27 郭艺端 /236
28 罗韶坚 /240
29 万慧茹 /244
30 周文 /248
31 徐丹 /252
32 丁荣 /256
33 王格 /260
34 胡铮 /264
35 禹庆 /268
36 曾耀松 /272
37 陈乐中 /276
38 周新 /280
39 蔡旭星 /284
40 牟中辉 /288
41 陈朝阳 /292
42 李旭 /296
43 吴彦斌 /300
44 孙剑 /304
45 章锡龙 /308
46 陈知龙 /312
47 王浪 /316

48 周圣捷 /322
49 张震洲 /326
50 杨旭 /330
51 钟乔 /334
52 郭赤贫 /338
53 陈颖 /342
54 唐志华 /346
55 吴凡 /350
56 杨晋 /354
57 韩嘉为 /358
58 洪卫军 /362
59 李媛琴 /366
60 贺亚迪 /370
61 梁绿荫 /374

杰出建筑师终身荣誉奖

1 潘玉琨 /378
2 钱伯霖 /382
3 徐显棠 /386

陈邦贤

深圳市建筑设计研究总院有限公司副总建筑师
第二设计院院长、总建筑师

教授级高级建筑师、一级注册建筑师
获深圳市政府特殊津贴专家
获国家优质工程奖詹天佑奖一项、全国优秀工程勘察设计行业奖一等奖一项、
二等奖一项，三等奖二项
省级优秀奖一等奖两项、二等奖三项；市级各种奖项多项

鸟瞰图

中国移动深圳信息大厦

中国移动深圳信息大厦项目地处深南大道与金田路交汇处，福田中心区的门户位置。建筑体量方正，简洁实用。立面钻石般的竖向线条似连非连，表征无线通信的信息流概念。大厦远观有清晰简明的轮廓，近观又有丰富的肌理层次。四周良好的外部景观，适当的室内绿化，让室内外的景观跨空间链接，形成办公空间的"绿肺"。26.9m 高气派大堂、4.2m 舒适的层高及顶部空中花园营造出舒适、现代、生态、健康的"园林式"办公环境。中国移动深圳信息大厦将成为深圳 CBD 核心区的门户建筑。

建设地点：深圳市福田区
用地面积：5630.72m²
建筑面积：103174.71m²
建筑高度：180.0m

幕墙局部

大厦主入口

总平面图

云南省博物馆新馆

云南省博物馆新馆是云南省标志性文化工程之一。总平面是正方形，基地与城市道路合理衔接，同时为公众提供了广阔的文化广场。新馆基座设置成人工的"绿坡"与"绿台"，主楼坐落其中充满了生机，呈现向上腾飞的气势。外墙概念取材于云南石林景观，铝合金穿孔板作为主要的立面材料，让光线渗透带出通透感。白天新馆有实有虚，恰似石林别有洞天，晚上则有如夜光宝盒，美轮美奂。

建设地点：昆明市官渡区
用地面积：150 亩
建筑面积：6.8 万 m²
建筑高度：34.2m

南侧透视

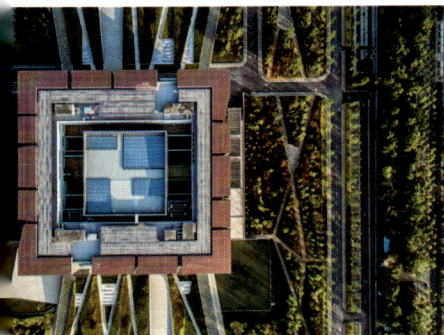
总平面图

大厅内景之一

大厅内景之二

鸟瞰图

建筑外景局部

建筑底层局部

建安大厦

项目处于南山进入福田的门户地段，总体构思注重区位特征，既强调片区空间环境的和谐，又力求成为片区的视觉中心，引领整个空间形态。建筑平面呈矩形，采用中央核心筒布局，主楼南、北、西侧中部，设置交错的两层高空中花园，形成三位一体的环境系统，将绿化引入建筑内部。造型设计上结合周边建筑风格，采用三段式构图手法，追求建筑的庄重感；外墙采用石材，整栋建筑以实体为主，结合空中花园局部采用的幕墙设计，虚实结合，使建筑具有强烈的雕塑感、挺拔感，突出标识性。

建设地点：深圳市福田区
用地面积：4979.80m²
建筑面积：65185.90m²
建筑高度：126.84m

鸟瞰图

深圳湾创新科技中心

项目是由深圳市投资控股有限公司开发的大型超高层综合项目，包括工业研发用房、宿舍楼以及相应的配套商业服务设施。项目总体规划为地上 3 栋超高层塔楼和 2 栋高层塔楼。A、B 座之间有两处空中连接体。低区空中连接体，设置在 A 座和 B 座的六至八层之间，高区空中连接体，设置在 A 座和 B 座的三十四至三十六层之间。功能为研发用房。A 座塔楼共设置 5 个避难层，首个避难层距地面高度为 42.6m，其他避难层之间的距离为 50m 左右。

建设地点：深圳市南山区
用地面积：39869.01m²
建筑面积：486186.92m²
建筑高度：299.1m

建筑裙房透视图

总平面图

鸟瞰图

陈日飙

香港华艺设计顾问（深圳）有限公司董事、总经理、设计总监
北京中海华艺城市规划设计有限公司董事长

国家一级注册建筑师
国家注册城市规划师
高级建筑师
中国建筑学会资深会员
深圳市勘察设计协会副会长
深圳市注册建筑师协会会员
深圳市绿色建筑协会副会长

深圳市土木建筑学会副理事长
深圳市城市规划学会副会长
深圳市城市规划协会理事
重庆大学建筑城规学院客座教授
深圳市建筑设计审查专家
深圳市建设工程评标专家
深圳市绿色建筑评价标识专家
深圳市住宅产业协会住宅科技专业委员会专家

　　也许是冥冥中与建筑有缘，自幼便喜习书法绘画，高考时欣然报考理工科中唯一能画画的专业——建筑学，之后幸运考取"老八校"重庆建筑大学，步入建筑设计大门。大五免试保研攻读"建筑历史与理论"方向，期间参与大量历史建筑的测绘和保护项目，完成十万字硕士毕业论文《大昌古镇的历史文化与传统建筑研究》。3 年醉心历史与地域建筑文化研究与实践，为日后设计中对传统与现代的思考埋下伏笔。2003 年毕业时放弃留校任教的机会，只为能全身心投入一线建筑实践工作，为了圆梦来到深圳加入曾实习过的华艺公司，就这样实现了由学生向职业建筑师的转变。

　　工作后幸运地获得许多项目机会，十余年时间从一个普通建筑师成长为公司总建筑师，先后主持过 70 余项重要公共建筑和大型综合社区的项目设计，其中有十数项工程获得逾 30 个专业奖项，不少已竣工并成为公司的重要作品。尤其擅长于超高层、大型商业综合体、大型综合社区及文化教教育和医疗类的建筑设计。2011 年获深圳市"十佳青年建筑师"称号，同年作为勘察设计行业唯一代表获得"深圳年度优秀设计师"称号，2016 年获"深圳杰出建筑师"称号。

　　在设计实践中，一直努力追求所谓"真、善、美"的创作观："真"，建筑必须真实反映功能、结构以及时代的需要；"善"，建筑必须与城市进行友善对话，善于传承地域文化；"美"，建筑要有雅俗共赏的美感，最好还能有所创新。始终相信"建筑"不论大小，"品质"却有高低。因此不论是过百万平方米的综合体还是只有数百平方米的小会所，皆以认真执着的态度去面对，尊重每一个城市，珍惜每一个机会。曾研究建筑历史的经历，让其在创作实践中增添了一份使命感——探求现代建筑与地域文化结合的设计之道。希望自己的设计能从时代与本土的双向维度出发，注重对城市肌理的延续和文化的传承，力图用原创性语言去创造属于这个时代的建筑作品。

　　未来的路还很漫长，自知任重道远，所以不敢懈怠，唯有用心耕耘不断探索，继续前行……

乐普医疗总部大楼

深圳星河龙岗 Coco Park

沈阳中海环宇城

贵阳国际金融中心

武宁三馆

绵阳水利电力学校

宁夏中卫沙坡头旅游新镇游客中心

深圳中海九号公馆

深圳星河时代花园

三亚三美湾珺唐酒店

海口行政中心

北川行政中心

费晓华与雅本团队

　　X-URBAN/ 雅本，是费晓华 2001 年留学归国后创立的具备建筑专业甲级设计资质的建筑师事务所。其扎根深圳，潜心修炼，经过 18 年的磨砺，已经锤炼出一支具创意、有情怀，又务实、洗练、有经验、高素质的建筑师队伍，在提供专业服务的同时，不忘使命，先后落成了多项影响深远，独具自身价值体系的设计作品，启发世人，成为业界和大众学习与研究的案例，如深圳莲花山山顶生态公厕、深圳街头复制最多的地铁出入口、南山博物馆、丰盛町 - 车公庙地铁商业街、深圳迈瑞总部大厦等。尤其是深圳盐田区沙头角滨海栈道，于 2003 年设计与建设，为当时深圳第一个开发开放的临海亲水公共岸线，由于其先行成功，鼓舞了全市，增强了信心，于是开启了后续各海岸段公共岸线公园的建设高潮，如后续拓展的大小梅沙滨海栈道、深圳湾滨海公园、蛇口西部岸线等。

　　雅本的团队，人才结构呈橄榄型，富有创造力和经验的中年建筑师及资深建筑师居多；工作条理分明，有序高效；以设计品质为导向，引领运营事务的决策。在此运营理念下，以作品示人，雅本已经成为当今中国业界最受赞誉的团队之一。

　　为落实设计品质，更有效地对业主负责，雅本历来奉行建筑师负责制，通过设计总承包、再分包机电与结构等专业设计的方式，及全程总承包、再分包景观与室内施工图设计的方式，

宝安 1990（图书馆、音乐馆、文化馆）升级改造

南山博物馆 1

南山博物馆 2

成功实践了多个项目，缔造了完美的精品，统筹控制了设计进度与建安成本，得到了广泛的赞誉，如深圳宝安 1990 升级改造、深业巢湖半汤御泉庄、喀什深圳城等。

雅本重视学术研究和人才培养。在深圳市福田中心区核心区城市设计招标中，雅本＋哈佛大学联合体中标，开启了雅本＋哈佛大学设计合作与学术交流的新局面；继而，雅本也将与费晓华母校之一——美国圣路易斯华盛顿大学展开教学与实践合作。在国内，雅本已经挂牌为东南大学、深圳大学研究生实习基地。

今天的雅本，来自于久经磨合的优秀团队，也得益于曾经在雅本奉献过的业界精英，以及服务过的友好业主。雅本感恩所有帮助与支持的朋友。

福田中心区核心区城市设计（雅本＋哈佛大学合作设计）

迈瑞南京研发基地

深圳滨海栈道

大海沙倚天阁度假公寓

喀什深圳城

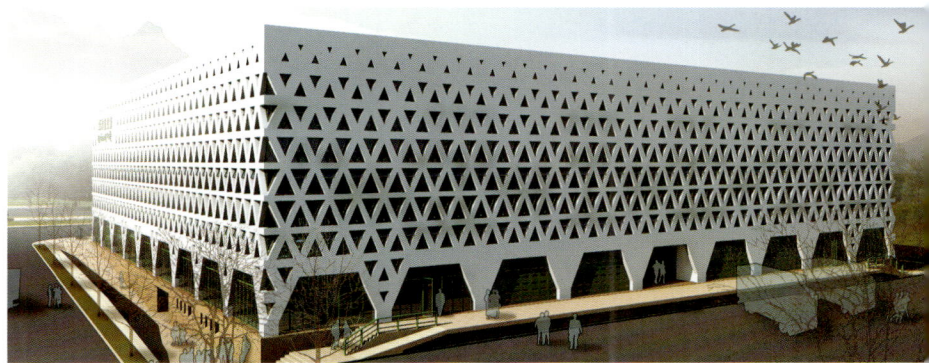

喀什深圳产业园厂房二期

深业半汤御泉庄北区一期

深业半汤御泉庄北区一期

迈瑞总部大厦

冯果川

筑博设计股份有限公司执行首席建筑师
筑博设计股份有限公司高级副总裁
建筑工作室总负责人

冯果川作为一名建筑师，在积极参与建筑实践的同时，始终保持着对中国城市和建筑的反思和批判。建筑实践是以积极的态度与权力和资本互动，尝试以专业技能影响和揭示当下大规模空间生产的具体状态。批判角度主要为空间政治学，关注意识形态以及资本在当代中国城市中的运作轨迹。

同时，作为一名拥有诸多设计作品的建筑师，对儿童建筑教育具有独特见解，并积极投身实践，成功举办多次儿童建筑教育活动，带领导师团队开设各类公开课、工作坊等，普及建筑基础知识、提升美学教育。如中心书城"深圳晚八点"栏目儿童建筑教育公开课、大浪社区留守儿童建筑工作坊、前海"小小规划师"竞赛等。

代表作品

1. 深业泰然大厦
2. 南宁市规划展示馆
3. 海南史志馆
4. 深圳西丽文体中心
5. 上海黄金交易中心深圳运营中心
6. 微软科通大厦
7. 国银民生金融大厦
8. 喜之郎集团总部大厦
9. 前海金立科技大厦
10. 光明公共服务平台
11. 新疆艺术中心
12. 华强北景观市政升级改造工程
13. 南方科技大学校园总体规划 & 一期单体设计
14. 前海核心区概念规划 & 程式设计
15. 前海十九单元三街坊城市设计
16. 龙岗地铁三号线及龙岗河沿线公共空间规划
17. 深圳八卦岭片区城市设计与更新统筹

获奖情况

2016 年获"深圳市杰出建筑师"称号
2013 年深圳勘察设计行业十佳青年建筑师
2012 年提名第三届中国建筑传媒奖
2011 年深圳市第十四届优秀规划设计一等奖
2011 年"一百万"保障房设计竞赛"一户"设计奖奖金，"万人"规划奖银奖 "AO"设计奖银奖，"综合设计"设计奖佳作奖
2010 年第二届中国建筑传媒奖青年建筑师奖入围奖
2008 年 DOMUS（中文版）主办 IN SPACE 设计大赛第二名
2007 年 CIHAF2007 年度中国最具影响力设计师
2007 年英国伦敦 URBANTINE 竞赛入围奖

深业泰然大厦

南方科技大学校园总体规划 & 一期单体设计

海南史志馆

南宁市规划展示馆

深圳华强北景观市政升级改造工程

西丽文体中心

龚维敏

深圳大学建筑与城市规划学院教授
深圳大学建筑设计研究院有限公司总建筑师

一级注册建筑师
香港建筑师学会会员
中国建筑学会资深会员
中国建筑学会专家库专家
深圳市注册建筑师协会理事

设计理念

　　城市/建筑是容纳生活的有生命的系统。每一个城市的、建筑的环境也是更大系统（自然、城市、人文环境）中的一环。建立通顺而有活力的内、外系统关系是设计的基础。每一个环境都有其特定的意义与文脉，营造场所的特质是设计的基本目标。每一项目都具有现实性及超越性。我们的设计，通过根植于建筑本体性的空间及建构语言，营造具有超验品质的空间氛围。

主要奖项

INTERNATIONAL ARCHITECTURE AWARD（2015）
 （THE CHICAGO ATHENAEUM MUSEUM OF ARCHITECTURE AND DESIGN）
全国优秀工程勘察设计二等奖（2013年）
中国土木工程詹天佑奖（2013年）
香港建筑师学会海峡两岸与香港、澳门建筑设计大奖/银奖（2015年、2013年）
广东省注册建筑师协会优秀建筑创作奖（2014年、2005年）

广东省优秀工程设计一等奖（2013年、2007年、2001年）
中国建筑艺术奖（2004年）
亚洲建筑推动奖（2004年）
深圳市优秀工程设计一等奖（2016年、2012年）
深圳市优秀建筑设计金牛奖（2000年）
深圳市勘察设计行业优秀总建筑师称号（2011年）
深圳杰出建筑师（2016年）

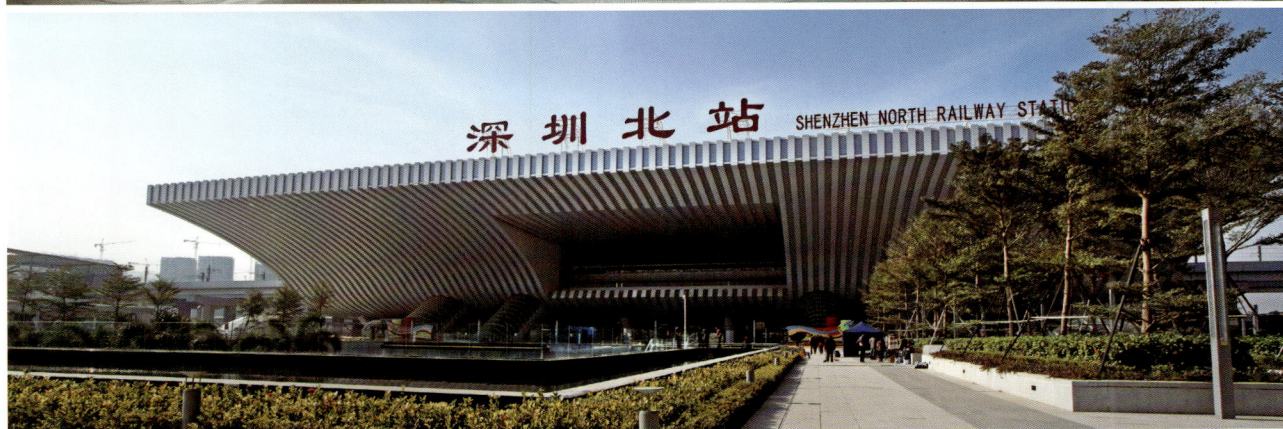

深圳北站车站建筑

深圳大学设计教学楼

深圳艺之卉创意产业园

深圳大学建筑与城市规划学院院馆

深圳大学科技楼

深圳大学南校区学生公寓

南宁市房产服务大厦

深圳特区报业大厦

甘肃豆坝英皇幼儿园

东莞理工学院松山湖校区图书馆

郭晓黎

深圳市欧博工程设计顾问有限公司
董事副总经理

一级注册建筑师
注册规划师
规划高级工程师

英国皇家规划师协会会员
美国环境与能源认证协会会员
深圳杰出建筑师
深圳市勘察设计行业十佳青年建筑师

感悟

　　建筑设计在中国社会持续高速城镇化进程中起到至关重要的作用，其设计质量与实施效果的好坏将极大影响所在城市的整体风貌；相对应的，建筑设计也从来不是孤立的，它直接受到城市发展的影响。而未来的城市是未知的、充满变数的，其复杂性正来源于其未来性。建筑设计应以全景化的视野，从城市角度出发，通过跨专业跨领域的研究，分析不同动因对城市发展的影响机制，并以适应性需求的方式，理清其内在发展的逻辑性，进而寻求适应未来发展的合理路径，将当下趋势投影到建筑全生命周期的未来。让建筑融入城市发展中，作为城市环境有机协调的一部分，通过规划尺度的延展、建筑空间的推敲、景观细节的控制，来强调建筑设计的整体性，并通过对建筑功能、空间、形态、环境、技术、材料等方面进行综合设计，构筑生动有序的城市风貌，并映射其内在的场所精神。

　　引用英国作家阿兰·德波顿的话说："我们对脚下的土地负有义务，我们建造的房屋，决不能劣于它们所取代的那块土地。我们对小虫子和树木负有义务，我们用以覆盖了它们的建筑，一定要成为最高等而且最睿智的种种幸福的许诺。"因此，以匠人的精神努力盖好每一座房子，以园丁的态度努力种好每一棵树，是我在设计中一直坚持的理念。

杭州艺尚小镇

主要获奖作品

1. 深圳市国际会展中心及配套用地城市设计项目
   深圳市第十七届优秀城乡规划设计奖三等奖

2. 胶州临空区服务中心项目
   第三届深圳建筑创作奖获奖项目（铜奖）

3. 杭州艺尚小镇项目
   第二届深圳建筑创作奖获奖项目（铜奖）

4. 惠州小桂湾规划 & 建筑设计
   第二届深圳建筑创作奖获奖项目（银奖）

5. 深圳大鹏较场尾旧村综合整治项目
   2015 年全国人居经典建筑规划设计方案竞赛规划金奖

6. 深圳大鹏较场尾旧村综合整治项目
   深圳市第十六届优秀城乡规划设计奖一等奖

7. 满京华宝安区沙浦工业片区城市更新单元城市设计专项研究与《专项规划》文本调整
   深圳市第十六届优秀城乡规划设计奖三等奖

青岛胶州临空区服务中心

珠海西湖湿地国际花园

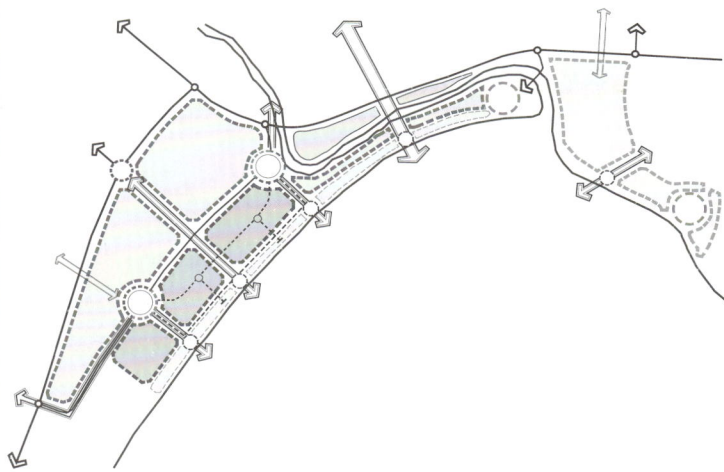

深圳大鹏较场尾旧村综合整治

郭智敏

深圳华森建筑与工程设计顾问有限公司总经理助理
执行总建筑师

教授级高级建筑师
国家一级注册建筑师
中国建筑学会资深会员

主要项目及代表作品

1. 深圳金地海景花园（6 万 m²）竣工 方案主创人、项目负责人

2. 广州保利世纪绿洲（33 万 m²）竣工 方案主创人、项目负责人

3. 深圳鸿瑞花园（16 万 m²）竣工 方案主创人、项目负责人

4. 深圳宝安融景花园（5 万 m²）竣工 方案主创人、项目负责人

5. 深圳滨海之窗花园（27 万 m²）竣工 方案主创人、项目负责人

6. 浙江金平湖 A、C 地块住宅小区规划（46 万 m²）一期竣工 方案主创人、项目负责人

7. 南山缤纷年华（7.5 万 m²）竣工 方案主创人、项目负责人

8. 龙华锦绣江南 E 区（16 万 m²）竣工 项目负责人

9. 半山海景幼儿园及社区中心（0.6 万 m²）竣工 项目负责人

10. 半山海景兰溪谷二期（14.6m²）竣工 方案主创人、项目负责人

11. 天健龙岗清林花园（17.8 万 m²）竣工 方案主创人、项目负责人

12. 珠海云山诗意（12.8 万 m²）竣工 方案主创人、项目负责人

13. 深圳龙岗君悦龙庭（22 万 m²）竣工 方案主创人、项目负责人

14. 杭州信雅达大厦（15 万 m²）竣工 方案主创人、项目负责人

15. 绍兴山水人家（15 万 m²）竣工 方案主创人、项目负责人

16. 杭州大华西溪风情五期（11 万 m²）竣工 方案主创人、项目负责人

17. 上海万向大厦（5 万 m²）竣工 项目负责人

18. 杭州旺角城（33 万 m²）竣工 方案主创人、项目负责人

19. 扬州广陵安置房规划（40 万 m²）竣工 方案主创人

20. 金海港颐安阅海（11 万 m²）竣工 方案主创人、项目负责人

21. 杭州盛元.蓝爵国际（10.5 万 m²）竣工 方案主创人、项目负责人

22. 昆明大成金融中心（20 万 m²）在建 方案主创人、项目负责人

23. 招商坪山（40 万 m²）在建 方案主创人、项目负责人

24. 中信水岸城（72 万 m²）在建 方案主创人、项目负责人

25. 南海酒店改造（3.6 万 m²）在建 方案主创人、项目负责人

26. 深圳颐安乐城（27.4 万 m²）在建 方案主创人、项目负责人

27. 东莞厚街万达广场（31.2 万 m²）在建 项目负责人

28. 石岩官田旧城改造（30 万 m²）在建 项目负责人

29. 金海港麓园（41 万 m²）在建 项目负责人

30. 招商桃花园（20 万 m²）在建 方案主创人、项目负责人

31. 星航华府（36 万 m²）在建 方案主创人、项目负责人

32. 深圳前海人寿宝安中心区幸福公馆（5 万 m²）在建 项目负责人

33. 金利通金融中心（27 万 m²）在建 项目负责人

34. 华侨城西区二号地（12 万 m²）在建 项目负责人

35. 西丽医院（7.5 万 m²）在建 项目负责人

36. 深业物流中心（83 万 m²）在建 审核审定

37. 金沙湾万豪酒店（5 万 m²）在建 审核审定

深圳·佳兆业万豪酒店

深圳·蛇口招商桃花园 E 区

深圳鸿瑞花园

深圳·幸福之家养老院

信雅达国际大厦

深圳半山海景兰溪谷

黄晓东

深圳市建筑设计研究总院有限公司总建筑师

深圳市勘察设计行业协会副秘书长
深圳市注册建筑师协会首届杰出建筑师
深圳市土木 30 周年中青年技术精英
1995 年深圳市先进工作者

小型建筑草图

华南理工大学建筑学专业本科、城市规划与设计专业硕士研究生毕业。

中国建筑学会资深会员及建筑师分会理事、深圳市注册建筑师协会与广东省注册建筑师协会常务理事。

《建筑设计实用技术手册》主编，《建筑师技术手册》《建筑师安全设计手册》《注册建筑师设计手册》《建筑设计技术细则与措施》及《建筑设计技术手册》主要编写人，《深圳市公安派出所建设标准》主编、《旅馆建筑设计规范》《深圳市房屋建筑工程海绵设施设计规程》《深圳市电动自行车充电库（棚）工程技术规程》编委。

主要作品包括深圳银湖长途汽车客运总站、深圳高等职业技术学院教学楼、盐田区妇幼保健院和计划生育服务中心、深圳市市民广场及地下工程、株洲大汉希尔顿国际、南山智园、亚泰兰海五指山雨林酒店、深圳市湾创新科技中心、深圳中广核工程大厦。

益田区妇幼保健院和计划生育中心

上海佘山索菲特大酒店

珠海方正科技 PCB 产业园研发楼比较方案

深圳南山智园

大汉希尔顿国际

亚泰兰海五指山雨林酒店

珠海方正科技 PCB 产业园

湖州体育场

深圳湾科技生态园

中广核工程大厦

深圳湾创新科技中心

黄　河

北建院建筑设计（深圳）有限公司
（原北京市建筑设计研究院深圳院）
董事、副总经理、总建筑师、
国家一级注册建筑师、教授级高级工程师
首届深圳市杰出建筑师

深圳文化中心

2008 年北京市建筑设计研究院年度优秀工程一等奖
2009 年度全国优秀工程勘察设计行业奖建筑工程一等奖
2009 年北京市第 14 届优秀工程设计一等奖
2015 年第十四届全国优秀工程勘察设计银奖

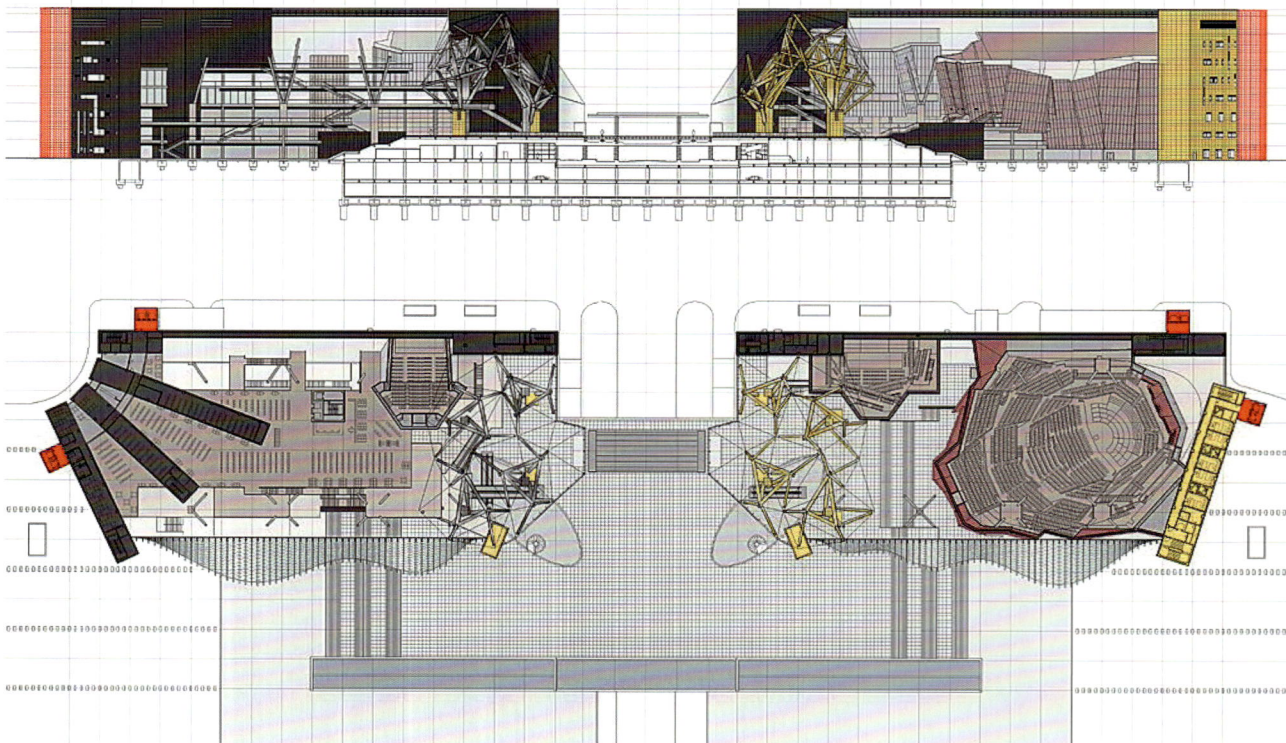

深圳文化中心

深圳宝安国际机场 T3 航站楼

2013 年 Idea-Tops "最佳文化空间设计奖" 艾特奖

2014 年北京市建筑设计研究院有限公司 年度优秀工程一等奖

2015 年北京市第十八届优秀工程设计综合奖一等奖

2015 年全国优秀工程勘察设计行业奖公共建筑一等奖

2015 年亚洲建筑师协会金奖

2016 年中国建筑学会建筑创作金奖（公共建筑类）

珠海大剧院

2017 ~ 2018 年中国建筑设计奖 建筑创作

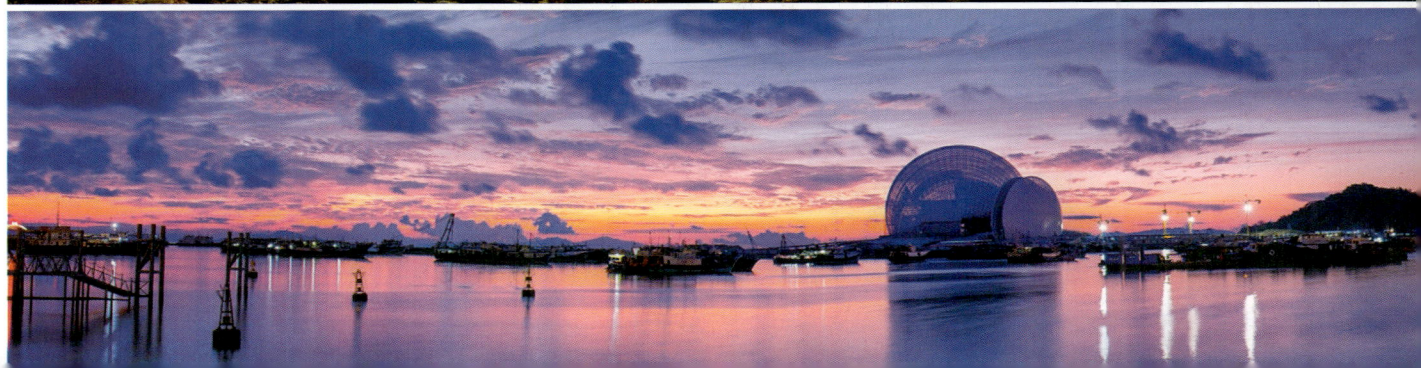

侯 军

深圳市建筑设计研究总院有限公司副总建筑师
筑塬建筑设计研究院院长、首席建筑师

教授级高级建筑师
国家一级注册建筑师
内地与香港互认注册建筑师

1984 年毕业于吉林建筑大学（原吉林建筑工程学院）获建筑学士学位
2004 年毕业于天津大学 获建筑学硕士学位
2011 年毕业于清华大学 获高级工商管理硕士学位
2012 年获首届深圳市"优秀设计项目负责人"称号
2013 年获广东省土木建筑"十佳中青年建筑师"称号
2016 年获首届"深圳杰出建筑师"称号

多年以来一直立足深圳进行建筑创作，始终坚持"设计与研究并重"的创作道路，不断追求"自我超越"，注重"细节设计"。精于文化建筑、办公建筑、体育建筑、商业建筑、居住建筑等，尤其是医疗建筑，是国内知名的医疗建筑专家。所创办的精英机构——筑塬建筑设计研究院就是以公共民用建筑、医疗建筑设计为主业的、能够完成总包设计的、各专业配套齐全（含室内装饰、环境景观、幕墙工程、智能化、净化工程、特殊医疗工艺等）的综合性建筑设计团队。所创作出的众多标志性建筑作品遍布神州大地。

主要代表作品

合肥政务文化新区政务综合楼
　　国家级优秀设计银质奖，全国优秀设计一等奖，广东省优秀设计一等奖
广东省委办公综合楼
　　广东省优秀设计二等奖
中国第一汽车集团公司总部大楼
　　吉林省优秀设计二等奖
深圳宝安体育馆
　　广东省优秀设计二等奖

江苏省张家港市第一人民医院
　　中国建筑学会第六届创作大奖，全国优秀设计三等奖，广东省优秀设计二等奖
香港大学深圳医院
　　全国优秀设计一等奖，广东省优秀设计一等奖，"十一五"全国优秀医院建筑规划设计大奖

深圳市第三人民医院
　　2008 年度 AIA 美国国家医疗建筑设计大奖，2006 年中国国际建筑艺术双年展最佳医院建筑设计优秀奖
安徽医科大学第二附属医院
　　中国建筑设计奖（建筑创作）金奖
安徽医科大学第一附属医院外科病房及门诊大楼
　　广东省优秀设计三等奖，深圳市优秀设计一等奖

香港大学深圳医院 38 万 m² / 2000 床 / 2012 年 7 月开业

汕头宜华华侨医院 46 万 m²／2500 床／建设中

安徽医科大学第一附属医院高新分院 42 万 m²／2500 床／2017 年 10 月开业

中国第一汽车集团公司总部大楼　4.5 万 m²／2005 年竣工

百色市人民医院百东分院　26.8 万 m²／2000 床／建设中

李　舒

深圳华森建筑与工程设计顾问有限公司资深执行总建筑师

国家一级注册建筑师
高级建筑师
法国建筑师协会会员

1988 年 6 月毕业于重庆建筑工程学院，获硕士学位
1988 ～ 1994 年就职于武汉城建学院
1994 ～ 2002 年就职于珠海市规划院
2002 年至今就职于华森建筑与工程设计顾问有限公司
获 "2006 年度中国建筑规划设计师杰出 100 位" 称号

主要项目及代表作品

1. 珠海香洲文化广场（30000m²）项目负责人
2. 珠海旭日湾大型社区（200000m²）项目负责人
3. 盐田区中轴线城市设计（占地 30 公顷）项目负责人
4. 无锡金色江南社区（600000m²）中标项目负责人
5. 浙江金平湖大型社区规划（2000000m²）中标项目负责人
6. 盐田区中轴线城市设计（占地 30hm²）项目负责人
7. 江苏省级机关南京河西办公区国际竞赛 一等奖（30 万 m²）项目负责人
8. 广州中海珠江新城 K2 地块规划设计（290000m²）项目负责人
9. 深圳龙华锦绣江南（110000m²）项目负责人
10. 常州彩虹城（280000m²）项目负责人
11. 深圳龙岗鹏达摩尔城（130000m²）项目负责人
12. 南京苏宁湛江路项目（80000m²）中标项目负责人
13. 常州湖滨嘉园（200000m²）中标项目负责人
14. 珠海恒虹世纪广场超高层建筑（140000m²）项目负责人
15. 深圳赤湾文体培训中心（90000m²）项目负责人
16. 南京建邺区双和综合办公区（140000m²）项目负责人
17. 常州方圆云山诗意（230000m²）项目负责人
18. 东莞星城国际（320000m²）项目负责人
19. 金地珠海红山楼（200000m²）项目负责人
20. 金地顺德大良超高层住宅（200000m²）项目负责人
21. 大华西野风韵山地别墅（300000m²）项目负责人
22. 余姚众安别墅（300000m²）项目负责人
23. 万科水径社区（200000m²）项目负责人
24. 大亚湾亲屿台滨海社区（150000m²）项目负责人
25. 江苏常州星河（300000m²）项目负责人

惠州华浩长滩花园

金地珠海红山楼

深圳龙岗鹏达摩尔城

珠海恒虹世纪广场

金地顺德天玺花园

常州方圆云山诗意

万科水径社区

李朝晖

深圳机械院建筑设计有限公司总建筑师

国家一级注册建筑师
教授级高级工程师
深圳杰出建筑师（深圳市注册建筑师协会 2016 年）
首届深圳市勘察设计行业杰出建筑师（2016 年）
首届深圳市优秀设计项目负责人（2012 年）
深圳市十佳青年建筑师（2011 年）
《注册建筑师设计手册》和《建筑师安全设计手册》编委
深圳市注册建筑师协会常务理事
广东省、深圳市专家库专家

　　不知不觉，毕业来深圳机械院工作已经 22 年了。这 22 年，正赶上国家和深圳城市建设突飞猛进的黄金时代，这是我们这一代建筑师的机遇和幸运。

　　22 年来，一直从助理建筑师、建筑师、专业负责人、项目负责人到公司总建筑师，岗位在变，但始终不变的是对第一线设计工作的坚持。这源于我对于建筑设计的热爱和执着吧。因为热爱，所以能够孜孜不倦、宠辱不惊。因为执着，所以能够精益求精、任劳任怨。

　　自认为个人天赋并不出众，但相信勤能补拙，用心就能出好作品。至今已经完成几十个项目的建筑设计，获得了不少奖项和个人荣誉，也得到了许多业主方的认可和好评。在当前建筑设计行业大洗牌的环境下，这种认可和褒扬，是鼓舞我坚守一线设计工作的动力。我会一如既往地热爱和执着，更加坚定地活跃在设计的第一线。

主要获奖作品

1. 中铁称中心区写字楼（时代金融中心）
   广东省第十二次优秀工程设计一等奖
2. 东莞新世纪尚居二期
   2013 年度广东省优秀工程设计一等奖
3. 深圳鸿威海怡湾（鸿威海怡湾畔）
   2013 年度广东省优秀工程工程设计二等奖
   深圳市第十五届优秀工程设计一等奖
4. 深圳龙华扩展区 0009 地块保障性住房工程（龙悦居四期）

   2015 年度广东省优秀工程设计二等奖
   2014 年中国机械工业优秀工程设计二等奖
   深圳市第十六届优秀工程设计一等奖
5. 深圳鸿景翠峰花园
   2009 年度广东省优秀工程设计三等奖
6. 金地香蜜山（金地网球花园）
   2007 年中国机械工业优秀工程设计二等奖
7. 联想集团研发中心

   广东省优秀工程设计三等奖
   中国机械工业优秀工程设计　二等奖
8. 天津金唐大厦
   深圳市第十七届优秀工程设计二等奖
9. 天津茂业大厦
   深圳市第十七届优秀工程设计二等奖
10. 坪山体育中心二期网球中心
    2016 年中国机械工业优秀工程设计三等奖
    深圳市第十七届优秀工程设计三等奖

时代金融中心

东莞新世纪尚居二期

深圳鸿威海怡湾（鸿威海怡湾畔）

深圳龙华扩展区 0009 地块保障性住房工程（龙悦居四期）

深圳鸿景翠峰花园

金地香蜜山（金地网球花园）

天津茂业大厦

联想集团研发中心

坪山体育中心二期网球中心

天津金唐大厦

坪山体育中心二期网球中心

林镇海

深圳市建筑设计研究总院有限公司

高级工程师
一级注册建筑师
深圳市专家库成员
深圳市节能专家、深圳市消防专家

代表作品

深圳华侨城欢乐海岸—办公、酒店、大型商业、商业街，
26 万 m²

招商中外运长航物流中心—超高层办公、公寓、商业，
50 万 m²

成都华侨城二期、三期、六期—高层、小高层住宅、别墅，
65 万 m²

天鹅湖一、二期—超高层住宅，30.9 万 m²

深圳燕晗山苑—超高层住宅，4.8 万 m²

深圳能源大厦—超高层办公，14.2 万 m²\238m

深圳南方博时基金大厦—超高层办公，10.9 万 m²\200m

深圳国信证券大厦—超高层办公，10.4 万 m²\228m

深圳证券交易所广场—超高层办公，26.7 万 m²\245.8m

万科前海企业公馆—办公，4 万 m²

深圳和记黄埔中航广场综合体—城市综合体，24 万 m²\220m

锦绣花园四期—超高层住宅，9 万 m²

保利·半岛 1 号—住宅、别墅、公寓、商业、游艇会，19 万 m²

深圳华侨城·纯水岸·栖湖—超高层住宅，10.6 万 m²

深圳市大运中心体育场—体育建筑、大型公建，10.6 万 m²

获得奖项

2015 年深圳欢乐海岸都市文化娱乐（东区、北区）（广东省优秀工程一等奖）

2015 年深圳欢乐海岸都市文化娱乐（会所）（广东省优秀工程二等奖）

2015 年深圳证券交易所广场（广东省优秀工程二等奖）

2015 年深圳中航广场（广东省优秀工程三等奖）

2014 年深圳证券交易所广场（中国建筑学会建筑工程创作奖银奖）

2014 年深圳国信证券大厦（深圳市优秀施工图设计银奖）

2014 年深圳能源大厦（深圳市优秀施工图设计金奖）

2014 年华侨城燕晗山苑（深圳市优秀施工图设计银奖）

2014 年深圳市大运中心体育场（全国优秀工程三等奖）

2013 年成都华侨城项目 A、B 地块二期工程（全国优秀工程三等奖）

2013 年深圳市大运中心体育场（广东省优秀工程一等奖）

2012 年成都华侨城项目 A、B 地块二期工程（广东省优秀工程二等奖）

2010 年深圳市大运中心体育场工程（广东省优秀工程一等奖）

深圳证券交易所广场

深圳能源大厦

深圳大运中心体育场

深圳中航广场（世纪汇）

深圳南方博时基金大厦

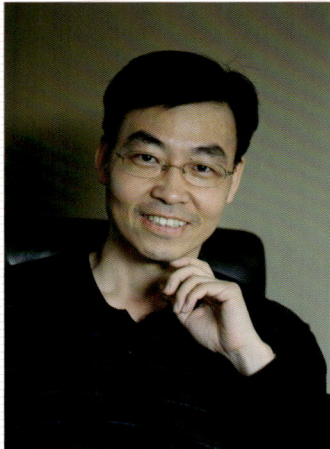

林彬海

深圳市清华苑建筑与规划设计研究有限公司副总建筑师、副总经理

深圳市首届杰出建筑师

深圳市土木建筑学会中青年技术精英

深圳市住建局第一批入库评标专家

深圳市注册建筑师协会副会长

深圳市勘察设计行业首届十佳提名青年建筑师

深圳市勘察设计行业首届优秀设计项目负责人

1988 年毕业于清华大学建筑学专业获工学学士学位

1990 年毕业于清华大学城市规划与设计专业获工学硕士学位

1998 年至今任职深圳市清华苑建筑与规划设计研究有限公司副总经理、副总建筑师

主要作品

东莞鼎峰品筑

    2010 年度东莞市优秀建筑工程设计方案

深圳十二橡树庄园

    2012 年度深圳市第十五届优秀工程勘察设计住宅建筑类二等奖

东莞万科·松山湖 1 号花园龙湖居

    2012 年度东莞市优秀勘察设计项目二等奖

牡丹江 29 号地块保障房及老年人住区

    2013 年深圳市第十五届优秀城乡规划设计项目二等奖

龙岩市妇幼保健院（含市儿童医院）

    2014 年第二届深圳市建筑工程施工图编制质量银奖

中熙香山美林苑

    2014 年第二届深圳市建筑工程施工图编制质量银奖

香缇公馆

    2014 年第二届深圳市建筑工程施工图编制质量银奖

深圳东城中心花园

    2014 年度第十六届深圳市优秀工程勘察设计住宅建筑类一等奖

    2015 年度广东省优秀工程勘察设计二等奖

    2015 年首届深圳建筑创作奖铜奖

湛江鼎盛广场项目

    2014 年度第十六届深圳市优秀工程勘察设计住宅建筑类二等奖

    2015 年度广东省优秀工程勘察设计三等奖

深圳市恒路平湖物流基地项目

    2016 年第三届深圳市建筑工程施工图编制质量银奖

深圳宝亭锦园项目

    2016 年第三届深圳市建筑工程施工图编制质量银奖

中国人民银行深圳中心支行

福建省龙岩一中分校

南京技师学院

三亚·山水国际

深圳鹭湖外国语小学

深圳东城中心花园（麟恒中心广场）

湛江鼎盛广场

中熙香山美林苑

中国人民银行深圳支行改扩建工程

龙岩一中分校工程

三亚·山水国际

鹭湖外国语小学

盐田外国语学校综合楼

瑞都新天地

牡丹江 29 号地块保障房及老年人住区项目

海润时代中心

中海信（汕头）创新产业城

陆 强

香港华艺设计顾问（深圳）有限公司副董事长、执行总建筑师

教授级高级建筑师

国家一级注册建筑师

首届深圳杰出建筑师

中国建筑学会资深会员

深圳市注册建筑师学会常务理事

　　主持设计了深圳市城市建设开发集团总部办公楼、深圳前湾信息枢纽中心项目全过程设计、深圳工商银行大厦、深圳中学总体改造第四期工程、深圳中海九号公馆、北京国际俱乐部添加及改造项目、深圳湾科技生态城 B–TEC、深圳报业集团龙华印务中心、深大基础实验楼一、二期、深圳中海天颂雅苑等重大工程。

主要获奖情况

深圳大学基础实验楼（一期）：2017 年度全国优秀工程勘察设计行业奖建筑工程三等奖

深圳淘金山湖景花园二期：2015 年度全国优秀工程勘察设计行业奖住宅与小区一等奖

上海长风 6B7C 地块（中海紫御豪庭）：2015 年度全国优秀工程勘察设计行业奖住宅与小区三等奖

深圳尖岗山名苑一期（中海九号公馆）：2015 年度广东省优秀工程勘察设计奖工程设计二等奖

深圳大学基础实验楼工程（二期）：2013 年度全国优秀工程勘察设计行业奖建筑工程公建二等奖

三亚国家开发银行（海南）发展研究院：2013 年度广东省优秀工程勘察设计奖工程设计二等奖

南京栖园：2009 年度全国优秀工程勘察设计行业奖住宅与小区二等奖

深圳中海西岸华府一、二期：2009 年度全国优秀工程勘察设计行业奖住宅与小区二等奖

佛山中海金沙湾西区：2009 年度全国优秀工程勘察设计行业奖住宅与小区三等奖

深圳福田图书馆：2009 年度全国优秀工程勘察设计行业奖建筑工程三等奖

南京天泓山庄：2008 年度全国优秀工程勘察设计行业奖住宅与小区三等奖

深圳香域中央花园：2008 年度全国优秀工程勘察设计行业奖住宅与小区三等奖

北京大学深圳研究生院：2011 年度中国建筑优秀勘察设计（建筑方案设计）一等奖

北京大学汇丰商学院：2011 年度中国建筑优秀勘察设计（建筑方案设计）一等奖

北川行政中心工程：2009-2010 年度中国建筑优秀勘察设计（建筑方案设计）一等奖

深圳中海康城大酒店工程：2009-2010 年度中国建筑优秀勘察设计（建筑工程）一等奖

深圳湾科技生态城 B—TEC 项目

深圳海信南方总部大厦

深圳工商银行大厦

深圳中海凯骊酒店

北京大学汇丰商学院

深圳大学基础实验楼一期

珠海中海富华里

北京国际俱乐部

毛晓冰

泰恒置业集团有限公司董事长

绿景企业管理集团总建筑师

雅和人居工程学院院长

男，1963 年 4 月出生于江苏泰兴，高级建筑师，中国一级注册建筑师，中国建筑学会理事，香港建筑师学会（HKIA）会员，美国建筑师学会（AIA）海外会员。

1984 年毕业于清华大学建筑系，建筑学学士；1987 年毕业于清华大学研究生院，城市规划与设计工学硕士；2014 年毕业于长江商学院，高级工商管理硕士 EMBA。

历任中国建筑技术发展中心建筑师、招商局蛇口工业区主任规划师、清华大学建筑设计研究院深圳分院副院长、深圳市招商建筑设计有限公司董事总经理、深圳市城脉建筑设计有限公司董事长、美国 AECOM 集团高级副总裁兼 AECOM 中国区建筑与环境总裁、筑博设计股份有限公司 CEO。

多次主持重大城市设计与建筑设计项目并多次获得国家级、省级优秀工程设计奖，如北京雁栖湖国际会都（北京 APEC 会址）、深圳星河 Wrold 创新园、深圳丽兹·卡尔顿酒店、海口丽兹·卡尔顿及万丽酒店、深圳大梅沙喜来登酒店、三亚鸿洲万丽酒店、南宁中心、柳州地王中心、深圳金光华广场、深圳海岸城等标志性、大型、超高层建筑工程项目。

毛晓冰是一位多产的活跃的著名建筑师，同时也是建筑及工程设计行业领军级企业家，先后参与领导两个千人以上的设计企业，同时还是国内众多大型开发企业信赖的主创建筑师，对城市规划和建筑设计行业的战略规划、运营管理、技术创新与管理、人才培养等维度具有全面和深刻的了解及认识。

2017 年，毛晓冰与常强共同创办共青城雅和教育投资管理中心，与海口经济学院达成校企合作办学模式，共同运营海口经济学院之下属二级学院——雅和人居工程学院。

毛晓冰现任泰恒置业集团有限公司董事长 / 绿景企业管理集团总建筑师 / 雅和人居工程学院院长。

代表作品

深圳招商海月花园：2001 年度部级勘察设计住宅类三等奖

深圳泰格公寓：2006 年深圳市第十二届优秀工程勘察设计二等奖、绿色建筑（LEED）银奖

深圳星河丹堤：深圳市第十三届优秀工程勘察设计住宅类三等奖

深圳星河世纪广场：2009 年度全国优秀工程勘察设计奖建筑工程类一等奖

深圳星河丽兹卡尔顿酒店：2011 年度广东省优秀工程勘察设计二等奖

深圳气象塔：深圳市第十三届优秀工程勘察设计一等奖、2009 年度广东省优秀

工程勘察设计二等奖

2009 年度全国优秀工程勘察设计建筑工程类三等奖

深圳京基大梅沙喜来登酒店：2009 年度全国优秀工程勘察设计建筑工程类二等奖

深圳海岸城商业广场：深圳市第十三届优秀工程勘察设计三等奖

深圳金光华广场：深圳市第十二届优秀工程勘察设计二等奖

深圳招商阳光带·海滨城二期：深圳市第十二届优秀工程勘察设计一等奖、2007 年度广东省优秀工程勘察设计建筑类二等奖

深圳中集研发中心：广东省第十二次优秀工程设计三等奖、深圳市第十一届优秀工程勘察设计和优秀规划设计一等奖

深圳溪山美地园：深圳市第十四届优秀工程勘察设计一等奖

深圳中海阳光棕榈园三期：深圳市第十二届优秀工程勘察设计二等奖

深圳星河·丹堤（AECOM）

深圳星河世纪广场（AECOM）

深圳星河丽兹·卡尔顿酒店（AECOM）

广西柳州地王财富广场（AECOM）

京基大梅沙喜来登酒店（AECOM）

深圳荣超经贸中心（AECOM）

钱　欣

香港华艺设计顾问（深圳）有限公司科技部总经理、执行总建筑师

高级建筑师

国家一级注册建筑师

首届深圳杰出建筑师

深圳市注册建筑师学会常务理事

深圳市住房和建设局评标专家

深圳市建设工程专家库专家

深圳市建筑工程（建筑设计）高中级专业技术资格第四评委委员会评委

重庆大学建筑城规学院专业硕士研究生企业导师

重庆大学建筑城规学院专业实习企业导师

主要项目获奖情况

深圳星河国际

　　获 2008 年度国家优质工程银质奖

　　2005 年度广东省第十二资优秀工程设计一等奖

　　获 2005 年中国建筑工程总公司优秀工程设计一等奖

　　获 2004 中建总公司优秀方案设计三等奖

　　获 2004 年度深圳市第十一届优秀工程建筑设计一等奖

淘金山湖景花园（二期）

　　获 2015 年度全国优秀工程勘察设计住宅与住宅小区一等奖

深圳星河时代

　　获 2013 年度全国优秀工程勘察设计行业奖（住宅与住宅小区）三等奖

深圳莱蒙水榭春天一期

　　获 2011 年度广东省优秀工程设计（住宅类）一等奖

深圳尖岗山名苑一期（中海九号公馆）

　　获 2015 年度广东省优秀工程设计二等奖

国家开发银行三亚研究院

　　获 2013 年度广东省优秀工程二等奖

　　获 2011 年度中国建筑优秀勘察设计（建筑工程）二等奖

　　获 2013 年蓝星杯·第七届中国威海国际建筑设计大奖赛优秀奖

广州星河丹堤花城

　　获 2017 年广东省优秀工程勘察设计奖（工程设计）三等奖

　　获 2016 年第二届深圳建筑创作金奖

深圳星河龙岗 Coco Park，获 2015 年度广东省优秀工程设计三等奖

　　获 2014 年度中国建筑优秀勘察设计奖，一等奖

　　获 2013 年度《时代楼盘》“金盘奖”深圳赛区年度最佳商业楼盘

深圳水榭花都三期

　　获 2007 年度广东省优秀工程勘察设计三等奖；获中建总公司优秀工程设计奖

深圳龙华壹城中心

　　获 2016 年第二届深圳建筑创作铜奖

城市居住建筑集成技术研究

　　获 2012 年度中国海外集团有限公司科学技术二等奖

　　获 2013 年广东省土木建筑学会科学技术二等奖

　　获 2013 年度中建总公司科学技术三等奖

长期从事建筑和城市规划领域的设计、研究工作。在建筑实践活动中，主张可持续性的建筑设计及城市设计，将建筑的地域性与城市空间、建筑艺术相结合，并通过社会效益与经济效益反映和验证实践结果，一直坚持不懈地追求更高的目标和要求，不断反思不断学习。在20多年的设计一线工作中，参与并主持设计项目六十多项，涉及项目种类涵盖了城市综合体、大型住区、酒店、办公等项目。其中广州星河丹堤花城、深圳市星河龙岗 COCO PARK、深圳淘金山景湖花园、深圳中海九号公馆、深圳龙华龙胜旧改项目、深圳壹城中心、中海花湾壹号、三亚三美湾珺唐酒店等项目荣获全国行业勘察设计奖一等奖等各类专项奖项。

在建筑实践活动中，坚持研究与实践、设计创作与技术验证相结合，注重理论的运用与转换。作为科研负责人参与了"城市居住建筑集成技术研究"，"深圳老旧加建电梯专题研究"、"深圳老旧住宅加建电梯典型案例设计"、"不同开发强度下的山地住宅设计策略研究"、"深圳建筑师全过程服务模式"等课题研究项目。其中城市居住建筑集成技术研究课题，以城市居住建筑集成技术、城市居住建筑要素控制体系为关键技术，建立了城市居住建筑专业集成技术数据库及检索，填补了国内本领域的技术空白；研究成果运用于实践项目，也获得了相关行业奖的技术实证和开发企业的经济实证，获得广东省土木建筑学会科学技术奖、中建总公司科学技术奖。2016年在《建筑技艺》期刊发表《自然的姿态——星河南沙丹堤花城设计思路浅析》学术论文1篇。

注重传承，作为公司的科技部总经理，一直以来致力于培养年轻设计师。以公司的技术力量为依托，建立了对外交流的"问创社"，和对内学习的"艺堂课"两个学术活动平台，为人才的培养提供了多元化的学习机会，并赢得业界同行的称赞。同时，积极参与行业学会的交流，担任行业协会举办继续教育的培训老师。

广州星河南沙丹堤花城

深圳淘金山·湖景花园二期

深圳中海九号公馆

深圳壹城中心

深圳星河龙岗 Coco Park

三亚三美湾珺唐酒店

覃 力

深圳大学建筑与城市规划学院教授

博士生导师

深圳大学建筑设计研究院有限公司总建筑师

《世界建筑导报》总编辑

天津大学建筑学院兼职博士生导师

中国建筑学会专家库首批入库专家

全国高等院校建筑学指导委员会委员

全国高等院校建筑学专业评估委员会委员

中国建筑学会教育与职业实践工作委员会委员兼秘书

中国建筑学会建筑传媒学术委员会理事

中国建筑学会岭南建筑学术委员会委员

获得国家级、省部级优秀设计奖 20 余项，出版专著、译著 23 部，发表学术论文 120 余篇

深圳大学师范学院教学实验楼

深圳大学艺术村

深圳银信中心

深圳市惠程电气股份有限公司厂区

王晓东

深圳华森建筑与工程设计顾问有限公司总建筑师、高级建筑师

国家一级注册建筑师
深圳市规划国土局评审专家委员
深圳市注册建筑师协会副会长
中国建筑学会资深会员
香港建筑师学会会员
法国建筑师协会会员

1990 年毕业于东南大学，获建筑学硕士学位

1990 ~ 1997 年就职于机械部深圳设计研究院

1997 ~ 2000 年就职于深圳协鹏建筑与工程设计公司

2000 ~ 2001 年就职于深圳中深建筑设计公司

2001 年至今就职于华森建筑与工程设计顾问有限公司获
"2006 年度中国建筑规划设计师杰出 100 位"称号

主要项目及代表作品

1. 深圳市规委《深圳市建筑设计规则》 合作主编人
2. 深圳前海新区建筑与景观设计技术服务平台 负责人
3. 贵州省贵安新区核心区泰豪城规划与设计设总
4. 贵州省遵义市贵州钢绳厂整体改造规划与城市设计设总
5. 成都天府新区水电办公楼（80000m²）设总
6. 成都万科城市花园（300000m²）设总
7. 广东南海文化馆（60000m²）设总
8. 成都天府长城小区（600000m²）设总
9. 上海新江湾城珠江投资小区（320000m²）设总
10. 广州市珠岛 09 号工程（50000m²）设总
11. 深圳龙岗振业城居住区（450000m²）设总
12. 深圳市中心书城（39000m²）设总
13. 南京新城大厦（110000m²）设总

成都天府长岛

广州珠岛宾馆

深圳中心书城

南京新城大厦

深圳龙岗振业城

烟台·富饶中心

方大城更新项目

深圳招商太子广场（合作）

韦 真

深圳市东大国际工程设计有限公司总建筑师

国家一级注册建筑师、高级建筑师

首届深圳杰出建筑师（2016 年）

设计意味着整合与综合

从业前 20 年主要作为主创建筑师，后 10 年主要担任项目经理负责项目全过程设计，同时作为院技术负责人，负责技术质量的制度建设、流程管控、品质提升。

设计项目包括公共建筑、大中型医院、商业地产等，综合的项目经验，综合的岗位历练，更体会到成熟建筑师的素质中，整合能力与综合素质的真正意义。

将建筑整合于环境

泉州 180 医院，设计先梳理整个医院现状及发展规划，并结合毗邻风景区的环境及限高要求，避开现有的高压氧舱，用独特的八字形的平面形式，整合现状旧建筑，较好地解决了医院改扩建中新建筑与环境的关系。

深圳北站枢纽配套工程，是铁道主站房与轨道交通、城市公交、商业配套、多个复杂功能的整合，形象风格上更需体现出配套单体与站房主体环境的协调与整体要求。因此，功能流线的整合，造型语言的整合，空间环境的整合，成为设计最突出的关键。

造型与平面的完美结合

追求大气利落、整体感强的设计。造型和功能应该，也可以完美结合，不应为造型而放弃功能的合理性，也不应为功能而放弃对形象品质的追求。好作品都是在这两者上达到完美的结合。

建筑师的方向——专业的综合服务

时代要求、行业发展，都呼唤具备更高综合素质的、全过程专业服务的职业建筑师，这是传统建筑师的挑战，也是新时代建筑师的机遇。

作为方案主创建筑师，完成的主要项目

广西南宁市检察院大楼（广西优秀设计二等奖，设计单位：深圳华蓝）

广州南方医院改扩建（3 个子项共 13.5 万 m²，设计单位：深圳华蓝）

福建泉州 180 医院改扩建（总后勤部优秀设计二等奖，设计单位：深圳华蓝）

作为项目经理，完成的主要设计项目

鲁能·三亚湾美丽五区（教育部优秀设计一等奖，设计单位：东大国际）

深圳市宏发君域花园（教育部优秀设计三等奖，设计单位：东大国际）

珠海市斗门区旅游发展中心（深圳建筑创作奖金奖，设计单位：RMJM/ 东大国际）

深圳北站枢纽配套工程（设计单位：CCDI）

贵阳贵安汽车城（设计单位：东大国际）

深圳南科大二期一标段（设计单位：RMJM/ 东大国际）

贵安汽车城

深圳南方科技大学（二期一标段）

鲁能三亚湾美丽五区

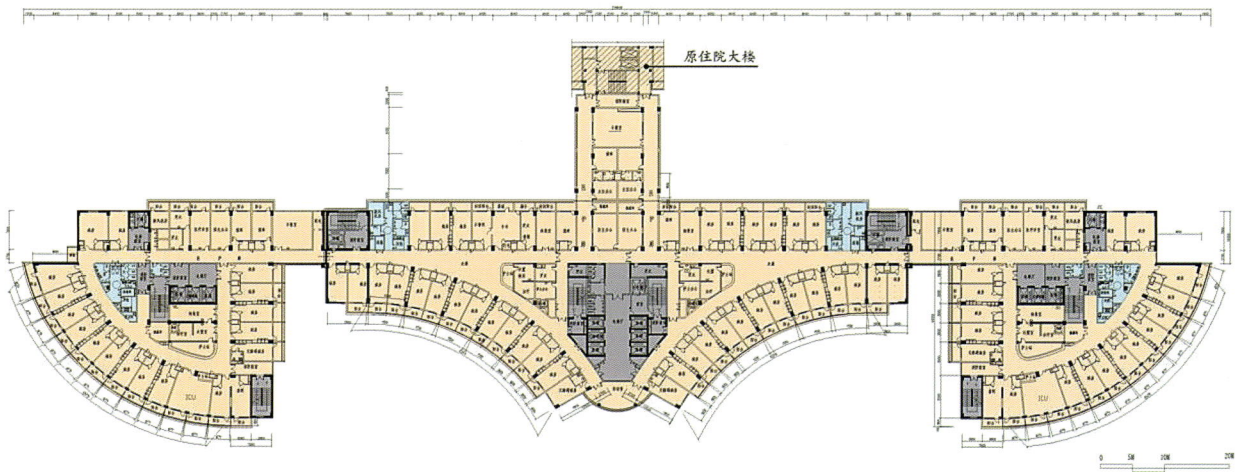

泉州 180 医院

鲁能集团海口总部办公大楼

深圳北站综合交通枢纽配套工程

金逸群

筑博设计股份有限公司高级副总裁
城脉建筑设计公司总经理

在近四十年的建筑设计和设计管理生涯中，秉着"城市－建筑是人类发展进化的产物，是为人类生活服务时与自然环境和谐共生，且承载着人类历史文化精神"的理念。作为当代的建筑师，更需要谨慎地对待这份责任。每一项规划、每一项设计都应是对人类发展以及人类赖以生存的地球环境的有益贡献，而不是相反。今天的市场经济环境下的建筑师也应以"有所为，有所不为"为座右铭。

以此为追求，金逸群设计了大量的作品、积累了丰富的经验。特别在高端写字楼、大型住宅区、别墅区、高尔夫社区和体育会所等方面业绩丰厚。代表作品有深圳国际商会大厦、南宁地王国际商会中心、深圳星河丹堤、深圳三湘海尚花园、深圳聚豪会、南昌央央春天、深圳时代科技大厦。

代表作品

1. 深圳国际商会中心
2. 深圳时代科技大厦
3. 深圳三湘海尚花园
4. 深圳星河丹堤
5. 荣超后海大厦
6. 深圳星河传奇花园
7. 深圳聚豪高尔夫球会别墅项目
8. 南南宁地王国际商会中心
9. 安宏基 · 天曜广场
10. 南昌央央春天

社会影响

2005 年 7 月　半山海景
广东省第十二次优秀工程设计·二等奖
2007 年 4 月　深圳国际商会中心
深圳市第十二届优秀工程勘察设计公共建筑·一等奖
2014 年 12 月　紫瑞花园
深圳市第十六届优秀工程勘察设计住宅建筑·一等奖
2015 年 7 月　央央春天
广东省优秀工程勘察设计奖工程设计·二等奖

深圳星河·丹堤　AECOM 建筑设计有限公司

深圳三湘海尚花园　AECOM 建筑设计有限公司

深圳国际商会中心　AECOM 建筑设计有限公司

南宁地王国际商会中心　AECOM 建筑设计有限公司

南昌央央春天　AECOM 建筑设计有限公司

时代科技　AECOM 建筑设计有限公司

安宏基·天曜广场　AECOM 建筑设计有限公司

赵宝森

筑博设计股份有限公司 副总裁

筑搏科技总经理

国家一级注册建筑师

赵宝森建筑师从事建筑设计工作近 30 年来，一直以严谨务实的工作态度，主动积极地沟通与学习，在工作中逐步成长。近年来主持完成了多项大型建筑工程设计，在项目管理上具有丰富的工作经验，有较强的项目控制能力，让项目从方案设计、施工图设计、施工建造等每一个环节保持高度的连贯性，对每一处细节的把握精益求精，实现了设计项目高品质完成度的质量目标。

近年来，随着建筑设计技术的日新月异，赵宝森建筑师依托筑博设计公司的强大平台，在绿色建筑、BIM 技术、建筑产业化方向上均作出了积极的探索并成为行业的先行者与排头兵，引领建筑设计行业科技进步的前沿方向。

代表作品

1. 深圳市档案中心
   广东省注册建筑师协会第六届优秀建筑创作佳作奖
   深圳市第十六届优秀工程勘察设计（公共建筑）一等奖
   首届深圳市建筑工程施工图编制金奖
   深圳市第十五届优秀工程勘察设计最佳 BIM 工程应用奖
2. 成都雄飞领秀国际大厦
   深圳市第十六届优秀工程勘察设计（公共建筑）二等奖
3. 深业泰然红松大厦
   深圳市第十四届优秀工程勘察设计（公共建筑）三等奖
4. 惠州鹏基万林湖
5. 广州万科欧泊
6. 前海十九单元三街坊地下空间整体设计
7. 深圳万科东海岸三四期工程
8. 佛山、长沙万科标准化产品设计
9. 保利华北五城标准化产品设计

社会影响

2016 年深圳市注册建筑师协会杰出建筑师

2012 年深圳市土木建筑学会科技创新标兵

2017 年深圳市建筑产业化协会高级专家

2016 年深圳市勘察设计协会 BIM 工作委员会主任委员

2018 年深圳市土木建筑学会专家委员会专家

2018 年深圳市绿色建筑协会专家委员会专家

江都心怡花园

雄飞·领秀国际大厦

惠州万林湖

泰然红松大厦

深圳市档案中心

俞 伟

筑博设计股份有限公司资深副总建筑师
筑博城市建筑设计公司资深总建筑师

高级建筑师
国家一级注册建筑师

俞伟先生热爱建筑设计工作，职业生涯从大学建筑系教师开始，经历了由设计师到政府技术官员，及再次回归设计一线的转变，从而拥有较为丰富的专业视野及阅历；专注建筑设计的创作，以创新求实的理念引领设计；擅长大型项目全过程设计及管理工作，拥有超过30年的经验，具备较强的设计和协调能力，带领设计团队为客户提供优质专业的技术服务。

社会影响

2011 年获"深圳市勘察设计行业协会优秀总建筑师"称号
2016 年获"深圳市杰出建筑师"称号
深圳市注册建筑师协会常务理事
深圳市规划局、住建局评标专家

代表作品

1. 深圳华强广场
2. 深圳市档案中心
3. 深圳市农产品国际物流园
4. 深圳深业新岸线
5. 深圳万科金域蓝湾
6. 深圳深业南方坑梓项目
7. 深圳高发第五大道
8. 深圳国香山花园
9. 广东汕尾市城区和顺上村旧改项目
10. 广东华夏幸福江门孔雀城项目

11. 广东东莞万科四季花城
12. 广东惠阳淡水心境山水郡
13. 广东惠州莱蒙水榭湾
14. 广东惠州宝安山水龙城
15. 海南中海万宁神州半岛
16. 海南三亚君合君泰花园
17. 海南琼海京鸿基上城首郡
18. 海南保亭创基长乐居花园
19. 福建福州保利万科五四北路地铁上盖项目

20. 福建晋江浔兴奥林春天
21. 湖北武汉泰然南湖玫瑰湾
22. 湖北武汉合嘉合嘉项目
23. 江西南昌奥林匹克花园
24. 江西南昌中溢香溢花城
25. 江苏昆山翡翠湾
26. 江苏南京苏宁威尼斯水城
27. 四川成都泰然怡湖玫瑰湾
28. 重庆协信 TOWN 城

深圳市档案中心

湖北武汉泰然南湖玫瑰湾

江西南昌中央香榭

江西南昌中溢香溢花城

郭文波

香港华艺设计顾问（深圳）有限公司董事副总经理、设计总监

高级建筑师

国家一级注册建筑师

中国建筑学会 BIM 分会理事

广东省 BIM 技术联盟专家委员会专家

香港国际 BIM 研究院 (COE) 荣誉院士

深圳市土木建筑学会专家理事

深圳市建筑方案设计评审专家库专家

深圳市建科委建筑智能与信息化专委会专家副组长

深圳市建筑信息模型 (BIM) 专家库专家

深圳市装配式建筑专家库专家

深圳市建筑产业化协会专家副会长

工程获奖

1. 龙沐湾国际旅游度假区八爪鱼酒店

   2013 年中国勘察设计协会"创新杯"建筑信息模型 (BIM) 设计大赛一等奖

2. 贵阳国际金融中心

   2013 年中国勘察设计协会"创新杯"建筑信息模型 (BIM) 设计大赛三等奖

3. 济南中海广场 - 环宇城

   2012 年中国勘察设计协会"创新杯"建筑信息模型（BIM）设计大赛三等奖

4. 南京中建大厦

   2013 年度广东省优秀工程勘察设计评选 BIM 专项设计一等奖

5. 中南地区通用建筑标准设计《楼梯栏杆》98ZJ401

   2005 年广西优秀工程勘察设计一等奖

6. 2016 年度深圳市优秀装配式建筑设计师

7. 2017 年度深圳市建筑产业化优秀研发设计师

8. 襄阳图书馆

   2014 年中国建筑业协会信息模型（BIM）设计大赛三等奖

科技成果

1. 国家标准《工程渣土免烧制品》编委（在编，国家装配式建筑应用标准）

2. 广东省标准《装配式钢结构设计规程》编委（在编）

3. 中南地区通用建筑标准设计《楼梯栏杆》98ZJ401 设计负责人

4. 《深圳市工程设计行业 BIM 应用调研及发展指引》副主编

5. 《深圳市中小学教学楼标准化工业化研究报告》技术总负责

   《深圳市中小学教学楼标准化工业化设计要点》技术总负责

作为一名建筑师，20多年全身心投入建筑设计，在办公、酒店、商业综合体等各类公共建筑以及大型群体建筑、大型综合社区规划设计上，具有丰富的设计与实践经验，对设计前沿领域的设计创意、技术创新一直有着非常浓厚的兴趣，不断思考、探索行业的未来发展方向。

作为深圳市建筑设计 BIM、装配式建筑等领域专家，同时作为深圳市工程设计行业 BIM 工作委员会首任秘书长、深圳市建筑产业化协会副会长，致力于引领与推动建筑行业 BIM 和绿色设计建造的研究发展。负责组织实施了深圳市级和广东省级勘察设计行业 BIM 评优工作，均为国内首次，在基于 BIM 的智慧城市、智慧建筑领域进行了深入探索，主持设计完成了目前华南地区最高预制率之一的百米高层装配式高品质商品房，参与制定国家、省部、市级相关标准，主持设计的项目、研究、发表技术论文等获得众多国家、省部、市级奖项。

注重对社会的贡献，2008 年汶川大地震后作为深圳市政府部门对口支援抗震救灾专家组专家，积极参与了抗震救灾工作，同年作为项目总负责主持设计了无偿捐建的四川绵阳青义国泰小学，2009 年完工交付并使用至今。

南京雨润国际广场

贵阳国际金融中心

深圳中海慧智大厦

南京中建广场

海南棋子湾酒店

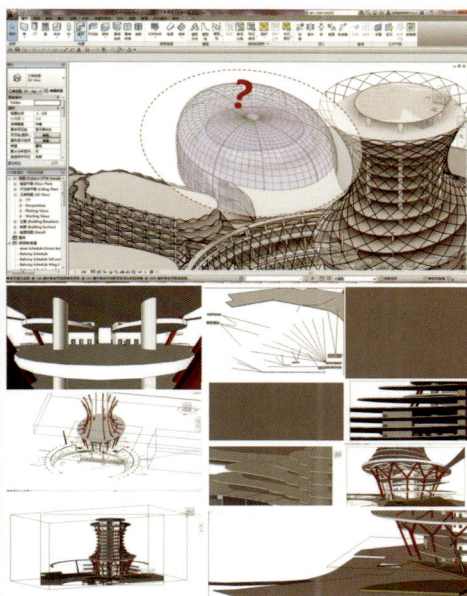

海南龙沐湾国际旅游度假区八爪鱼酒店

厦门西海湾邮轮城项目

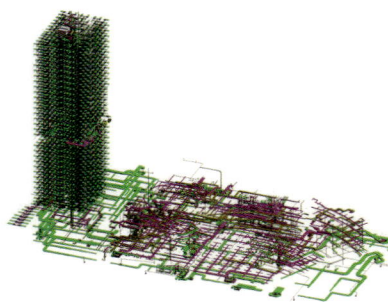

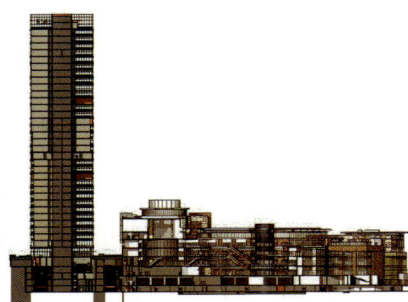

济南中海环宇城

鲁 艺

香港华艺设计顾问（深圳）有限公司设计总监

高级建筑师

国家一级注册建筑师

中国建筑学会会员

深圳杰出建筑师

住建部绿色建筑评价标识专家委员会成员

广东省绿色建筑评价标识专家委员会成员

广东省建筑节能协会理事

深圳市绿色建筑认证（评价标识）专家

深圳市规土委建筑设计审查专家

深圳住建局科技委员会委员

深圳建设工程专家库专家

设计感悟

　　一个好的设计要靠团队的通力合作，从图纸到现实的建筑，要有优秀的设计师和发展商还有施工单位共同努力才能实现。建筑师在工作中应全过程地控制，从建筑方案到经济造价、工期进度，从内部各专业到外部协作，从看地开始直到竣工，团结推动大家，保质保量完成工程。

主要获奖

2016 年深圳恒大国香山翡翠华庭 深勘协建筑工程银奖

2013 年深圳宝安区住宅局保障性住房项目 深勘协保障性住房优秀工程设计一等奖

2013 年深圳中海天颂雅苑 深勘协保障性住房优秀工程三等奖

2013 年厦门航空综合开发基地二三期工程 中勘协全国优秀工程勘察设计三等奖

2011 年厦门航空同城湾 广东省勘协广东省优秀工程设计三等奖

2009 年深圳中海西岸华府一、二期工程 中勘协全国优秀工程勘察设计二等奖

主要参编

《深圳市保障性住房建设标准》《深圳土木三十年》《注册建筑师设计手册》《建筑师技术手册》《建筑师技术手册》《深圳市绿色建筑工程验收规范》等

深圳中学总体改造二期工程——成美楼

深圳中学总体改造第四期工程综合楼

深圳中学（ 泥岗校区 ） 建设工程

深圳恒大龙岗爱联城市之光综合体项目

厦航综合开发基地二、三期工程

深圳中海西岸华府一、二期

侯 菲

香港华艺设计顾问（深圳）有限公司副总建筑师

高级建筑师

国家一级注册建筑师

深圳市注册建筑师协会理事

深圳市住房和建设局装配式建筑专家

广东省勘查设计行业专家库专家

重庆大学建筑城规学院专业硕士研究生企业导师

深圳市建筑产业化行业优秀研发工程师

深圳杰出建筑师

主要主持的项目

深圳金迪世纪大厦、上海腾讯总部基地大楼、贵阳中建华府、深圳招商华侨城曦城、上海慧芝湖花园、深圳华侨城栖湖花园（纯水岸）、南京天泓山庄、深圳中粮爱联社区城市更新、江西武宁三馆、安宁三馆一中心、深圳宝安区人民医院整体改造、江西武宁新区码头游客中心。其中南京天泓山庄获中国建筑工程总公司优秀工程设计一等奖、广东省 2007 年度优秀工程勘察设计三等奖；深圳招商华侨城曦城获中国优秀勘察设计二等奖、广东省优秀工程勘察设计三等奖；武宁新区武宁西海燕码头获第二届深圳建筑创作奖。

主持深圳市老旧住宅加装电梯参考案例图集的编制，参与深圳市中小学教学楼标准化工业化产品研究，城市居住建筑集成技术研究等科研项目，获得专利一项。

江西武宁三馆

深圳华侨城栖湖花园（纯水岸）

深圳招商华侨城曦城

武宁新区西海燕码头

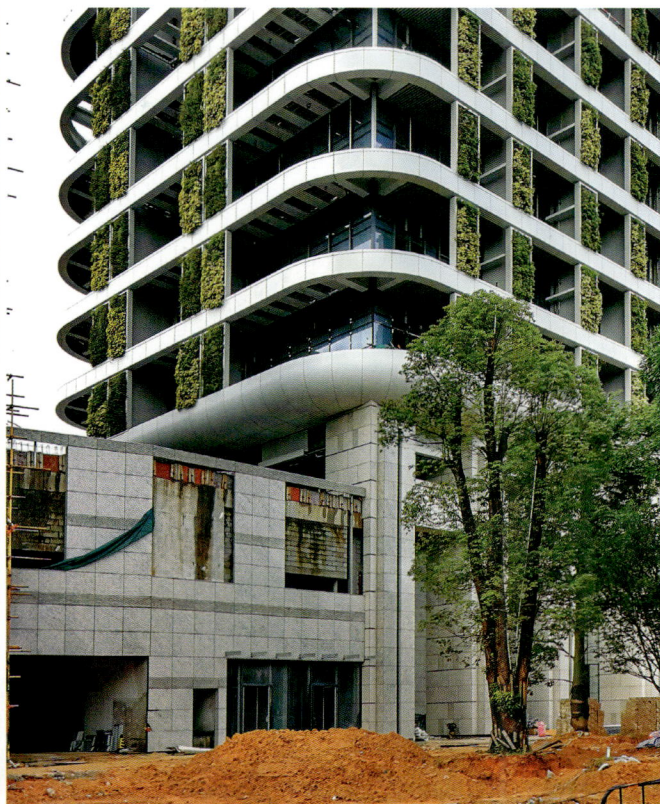

深圳金迪世纪大厦

上海腾讯总部基地大楼

郭艺端

香港华艺设计顾问（深圳）有限公司建筑事业一部总建筑师

高级建筑师
国家一级注册建筑师
深圳市十佳青年建筑师
深圳杰出建筑师

主要主持的项目

从事建筑专业设计 16 年，先后主持过南京星雨华府、南京东方天郡、苏州中海半岛首府、广州中海花湾壹号、深圳杨梅岗格水村城市更新、佛山保利翡翠公馆、深圳北大汇丰商学院、深圳报业集团书刊印刷基地、广田集团福田保税区深九项目、深圳地铁车公庙综合交通枢纽上盖物业建筑设计、中山大学深圳校区总体规划及一期建筑设计等 70 多项大中型项目，负责从几万到上百万平方米建筑面积的大中型工程，从投标到方案直至最后施工落地，擅长大型商业综合体、大型综合社区、城市更新及文化教育等类型的建筑设计。

其中南京星雨花都获建设部中国建筑文化中心、联合国人类居住区中心信息办公室颁发全国健康住宅示范小区；中海苏州半岛首府获 2007 年深圳市第十二届优秀工程设计（住宅设计）三等奖、获 2005 ~ 2006 年度中建总公司优秀住宅设计二等奖；北京大学汇丰商学院获广东省注册建筑师协会第五次（2009 年度）优秀建筑佳作奖、获 2011 年度中国建筑优秀勘察设计（建筑方案设计）一等奖、获 2014 年深圳市第十六届优秀工程勘察设计（公共建筑）三等奖等，并参与 2012 年中建居住建筑集成技术研究。

中山大学深圳校区总体规划及一期建筑设计

北京大学汇丰商学院

深圳报业集团龙华印务中心

天津规划展览馆

广州中海花湾壹号

深圳地铁车公庙综合交通枢纽上盖物业

罗韶坚

深圳市建筑设计研究总院有限公司总院副总建筑师
第一分公司总建筑师、班子成员

深圳市政府工程监督员
深圳市评标委员会专家
深圳市注册建筑师协会常务理事

1989 年 7 月毕业于广东工业大学，至今一直在深圳市建筑设计研究总院有限公司从事建筑设计工作。曾任助理工程师、工程师、高级工程师、主任建筑师、设计所副所长、设计所所长、第一分公司副总建筑师、第一分公司总建筑师、班子成员，总院副总建筑师等职务，国家一级注册建筑师，高级建筑师，总院技术委员会建筑专业副主任委员。

城市与建筑的价值观

　　一个城市的规划要经得起时间及历史的考验，注重环境，形成科学的城市发展观，才能实现城市的健康与可持续发展。环境危机问题的产生与城市发展和城市规划之间有着密切的关系。

　　建筑设计要有生命力，在满足使用功能的同时，从建筑的思想观念、形式语言到建造工艺、材料和建造方式都要力求创新，深入探索本土建筑的表达方式，关注建筑物的绿色、生态、环保及可持续发展，这是一个建筑师的责任。

代表作品

中国越南（深圳 - 海防）经济贸易合作区规划及设计	深圳皇御苑 A、B 区工程设计
深圳湾科技生态园一区	深圳市罗芳中学
深圳南方科大和深大新校区拆迁安置项目产业园区	深圳市鸿基商业、东港中心大厦
上海 2010 年世博会意大利国家馆	河南漯河建业森林半岛
浙江义乌篁园服装市场（含酒店）工程	河南商丘建业桂圆
河南洛阳世纪华阳 C 地块	云南大理国际大酒店
福建莆田荔能华景城	河南实验学校郑东教学园区
安徽芜湖醇美华城 R01 地块澳然天成	深圳布吉左庭右院
河南信阳建业森林半岛	深圳鸿荣源 N7 地块
深圳观澜湖高尔夫大宅	浙江湖州体育场设计

上海世博会意大利馆

中国越南（深圳－海防）经济贸易合作区实施项目

深圳湾科技生态园

云南大理国际大酒店

深圳观澜高尔夫大宅

湖州体育场

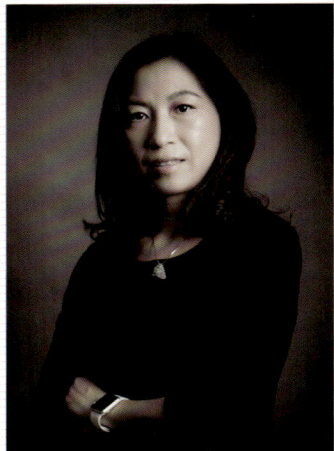

万慧茹

香港华艺设计顾问（深圳）有限公司设计总监

高级建筑师

国家一级注册建筑师

深圳市勘察设计行业十佳青年建筑师

广东省绿色建筑评价标识专家委员会专家

重庆大学建筑城规学院专业硕士研究生企业导师

深圳市建设工程专家库专家

深圳建设工程交易服务中心专家

从事建筑专业设计和研究工作 20 年，负责设计完成了大量的工程项目，积累了丰富的设计经验。长期担任工程设计负责人，亲自主持设计并建成的各类型建筑面积近 300 万 m²，主持设计的建筑类型包括超大型住宅小区、大型公共建筑、超高层办公、酒店建筑，参与多个项目审核审定工作，包括医院、商业综合体等类型建筑，具有丰富的建筑设计实践经验。

主持设计了佛山中海金沙湾项目，建筑高度 100m，建筑面积约 140 万 m²，其中佛山中海金沙湾西区荣获中国勘察设计协会 2009 年度全国优秀工程勘察设计行业奖住宅与住宅小区三等奖；深圳香域中央花园获全国优秀工程勘察设计行业奖住宅与住宅小区三等奖；深圳翡翠海岸花园项目获深圳市勘察设计行业协会深圳市第十七届（2016 年）优秀工程勘察设计奖建筑工程设计三等奖；深圳湾科技生态园四区项目获深圳市勘察设计行业协会第三届深圳市建筑工程施工图编制质量银奖。

近五年担任项目设计负责人的工程业绩

1. 深圳湾科技生态园四区，大型超高层公共建筑，工程设计等级：特级，建筑面积约 40.5 万 m²，建筑高度 250m，包含研发、办公、酒店、商业等多项功能，绿建二星。项目位于深圳市南山区高新技术产业园区南区，包含 2 栋 250m 超高层建筑，塔楼内设五星级酒店约 4 万 m²，是垂直城市、绿色建筑打造的第三代产业园，国家级低碳生态示范园区。项目于 2011 年开始设计，于 2013 年完成施工图设计，目前已结构封顶，尚未竣工，担任工程设计负责人。

2. 中海城南 39 号地商业项目，大型超高层公共建筑，工程设计等级：特级，建筑面积约 9.4 万 m²，建筑高度 160m，办公、商业综合体，LEED 金奖。项目位于成都市南部新区核心地带，地块分为 2 栋超高层办公楼（I,J 栋）及二层的商业裙房，项目于 2013 年开始设计并完成施工图，目前已结构封顶，尚未竣工，担任工程设计负责人。

3. 北京国际俱乐部改扩建工程，大型公共建筑，工程设计等级：特级，建筑面积约 7.6 万 m²，建筑高度 100m，办公、酒店、网球场综合体，绿建二星、LEED 金奖。项目位于北京市朝阳区建国门外大街与秀水街交汇处，建成后将成为东长安街上的新地标性建筑。本项目将拆除老网球场，复建后南侧沿建国门外大街及东、西部分立面将原样复建。项目于 2013 年开始设计，于 2014 年完成施工图设计，目前已结构封顶，尚未竣工，担任工程设计负责人。

4. 腾讯数码大厦，大型超高层公共建筑，工程设计等级：特级，建筑面积约 28 万 m²，建筑高度 220m，办公、商业综合体，绿建三星。项目位于深圳市前海深港合作区核心区，为两栋超高层办公塔楼，由地标性架空商业区连接，并通过步行连廊与公交站及周边项目紧密相连，形成四通八达的步行交通系统及绿色廊道。项目于 2014 年开始设计，于 2017 年完成施工图设计，目前桩基施工中，担任工程设计负责人。

5. 前海交易广场项目，大型超高层公共建筑，工程设计等级：特级，建筑面积约 62.5 万 m^2，建筑高度 220m，包含办公、公寓、酒店、商业等多项功能，绿建三星。项目位于深圳市前海深港合作区核心区，建筑面积大、品质要求高、使用功能复杂。目前项目处于初步设计阶段，担任工程设计负责人。

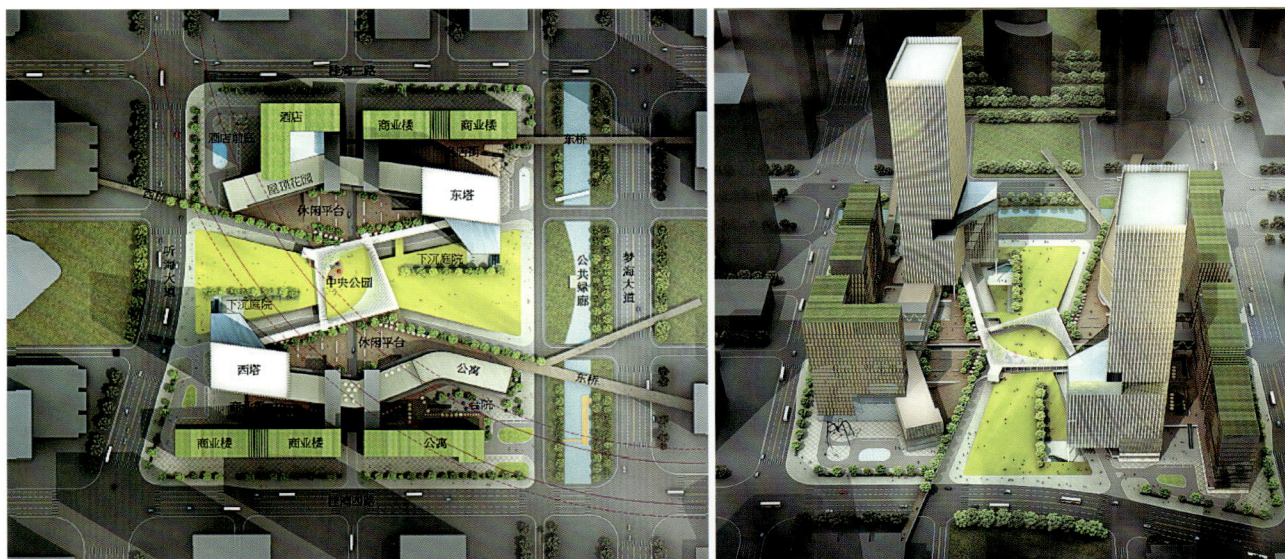

深圳报业集团龙华印务中心

深圳湾科技生态城 B—TEC

深圳香域中央

北京国际俱乐部

深圳翡翠海岸

佛山中海金沙湾

周 文

广东省建筑设计研究院副总建筑师
广东省现代建筑设计工程技术研究中心主任

设计感悟

　　在深圳十年的设计创作工作，主要从事商业地产、酒店建筑、交通建筑和城市公共空间设计。创作中力求融会东西文化，既有舶来西方风格的直接、奔放，又有传统东方风格的间接、含蓄。设计手法多用简洁的现代风格、几何形体，审美上追求来自于"自然生态"的神韵，多从"自然生态"的天然形态中吸收创作的元素或符号，通过对自然的仿生，打造一个绿色、健康、诗意的体验空间，让建筑回归本源。每一个设计，如何植入一个非常特别的设计主题，将其独特的设计风格与文化融合在一起，为人们展现与众不同的视野，展现质朴浑厚的人文，我一直在坚持这样的思考；不忘初心、源于自然、融合地域、传承文化，创造与人们息息相关、心心相连的建筑，共同分享由灵感和梦想共筑的信念。

主要获奖作品

1. 深圳蛇口邮轮中心，获 2018 年广东省土木工程詹天佑故乡杯奖，中国勘察设计协会第八届"创新杯"建筑信息模型（BIM）应用大赛优秀交通枢纽 BIM 应用奖
2. 昆明西山万达广场 - 双塔，获 2017 年全国优秀工程勘察设计行业奖二等奖，获 2017 年广东省优秀工程勘察设计奖工程设计二等奖，获深圳市第十七届优秀工程勘察设计二等奖
3. 深圳中广核大厦，获 2016 年中国施工企业管理协会工程建设项目优秀设计成果二等奖，获深圳市第十七届优秀工程勘察设计奖工程设计一等奖
4. 深圳鲸山花园九期，获 2015 年度全国优秀工程勘察设计行业奖住宅小区一等奖，获 2015 年广东省优秀工程勘察设计奖住宅小区项目一等奖，获深圳市第十六届优秀工程勘察设计住宅建筑二等奖
5. 深圳招商局广场，获 2015 年度全国优秀工程勘察设计行业奖建筑工程公建二等奖，获 2015 年度广东省优秀工程勘察设计奖一等奖，获深圳市第十六届优秀工程勘察设计公共建筑一等奖
6. 深圳海上世界酒店，获 2015 年全国优秀工程勘察设计行业奖二等奖，获 2015 年度广东省优秀工程勘察设计奖二等奖，获深圳市第十六届优秀工程勘察设计公共建筑一等奖
7. 深圳蛇口海上世界广场（船后广场）：获 2015 年广东省优秀工程勘察设计奖工程设计三等奖，深圳市第十六届优秀工程勘察设计评选（建筑工程设计）一等奖

深圳蛇口邮轮中心

深圳蛇口邮轮中心

深圳蛇口邮轮中心

徐 丹

深圳华森建筑与工程设计顾问有限公司执行总建筑师

国家一级注册建筑师
高级建筑师
住房和城乡建设部绿色建筑评价标识专家委员会委员
深圳市绿建认证（评价标识）专家
深圳市规土委建筑设计审查专家

学习及工作简历

1997 年毕业于重庆建筑大学建筑设计专业，获硕士学位，1997 年至今就职于深圳华森建筑与工程设计顾问有限公司，现为执行总建筑师，国家一级注册建筑师，高级工程师。

2009 年 4 月获深圳市勘查设计行业首届十佳青年建筑师。

现为住房和城乡建设部绿色建筑评价标识专家委员会成员，深圳市绿色建筑认证（评价标识）专家，深圳市规划和国土资源委员会建筑设计审查专家。

2014 年 4 月至今担任前海建筑与景观设计协调平台建筑负责人，负责前海建筑项目技术核查及研究。

主要项目及代表作品

1. 深圳大学文科教学楼（50000m²）项目负责人
2. 深圳振业城（500000m²）项目负责人
3. 杭州大华西溪风情三、四、六期（335000m²）项目负责人
4. 上海新江湾城 C1-2 地块（320000m²）项目负责人
5. 振业惠阳项目（900000m²）项目负责人
6. 苏州中海国际社区 199-2 地块（120000m²）项目负责人
7. 杭州大华海派风范（229500m²）项目负责人
8. 招商果岭花园（217000m²）项目负责人
9. 徐州老体育场项目（210000m²）项目负责人
10. 长隆高尔夫地块项目（800000m²，综合体）项目负责人
11. 黄阁村改造项目（276200m²，综合体）项目负责人
12. 华盛观澜商业中心项目（260000m²，综合体）项目负责人
13. 港中旅沈阳国际小镇（150000m²）项目负责人
14. 重庆润丰岭尚项目（220000m²）项目负责人
15. 前海高层建筑消防登高场地管理规则 项目负责人
16. 前海四单元四街坊城市设计 项目负责人
17. 前海国际金融城空间概念研究 项目负责人
18. 长隆珠海横琴项目（700000m²）项目负责人
19. 前湾深隧泵站用地复合开发概念方案 项目负责人
20. 前海一号地块概念方案 项目负责人
21. 前海桂湾车行联络道与 2 单元 1 街坊地块同步实施专题研究 项目负责人

主要论著

1. 《深圳振业城的可持续发展和建筑节能研究与实践》发表于《建筑学报》2007.7

2. 《深圳大学文科教学楼》发表于《世界建筑》2006.8

3. 《深圳振业城绿色住宅设计策略研究与实践》宣读于建设部科技示范工程优秀设计方案与建筑节能关键示范技术交流研讨会 2005.11.5

4. 《地中海再次拍打阿拉伯之夜的海岸》译文发表于《DOMUS建筑艺术与室内设计》2000

5. 《深圳振业城：科学造城》发表于《住区》 2006.4

6. 《花园式住宅及其生态节能技术措施应用》发表于《城市住宅》2006

7. 《深圳振业城——新城市主义大社区》发表于《时代楼盘》2005.8

8. 参与编制《深圳市建筑设计规则》（深圳市规划国土资源委员会）2013~2014 年

9. 参与编著《注册建筑师设计手册》（中国建筑工业出版社）2016 年

10. 参与编著《建筑师安全设计手册》（中国建筑工业出版社）2018 年

11. 参与编著《深圳市房屋建筑工程海绵设施设计规程SJG 38-2017》（中国建筑工业出版社）2017 年

主要业绩获奖情况

1. 深圳大学文科教学楼
   2011 年第六届中国建筑学会建筑创作优秀奖
   2008 年全国工程勘察设计行业优秀工程勘察设计行业奖建筑工程二等奖
   2007 年广东省优秀工程勘察设计奖一等奖
   深圳市第十二届优秀建筑设计一等奖

2. 深圳振业城
   2008 年全国工程勘察设计行业优秀工程勘察设计行业奖住宅与小区设计二等奖
   2007 年广东省优秀工程勘察设计奖一等奖
   深圳市第十二届优秀住宅小区和住宅设计一等奖
   中国建筑设计研究院方案设计一等奖
   中华人民共和国建设部住宅性能认定 3A 级住宅
   2006 年全国人居经典建筑规划设计方案竞赛综合大奖
   深圳市节能住宅示范小区

3. 《前海高层建筑消防登高场地管理规则》
   深圳市第十七届优秀城乡规划设计二等奖

4. 上海新江湾城 C1-2 地块（中标）

5. 振业惠阳项目（中标）

深圳大学文科教学楼

九洲 608 项目

杭州大华西溪风情三、四、六期

龙岗吉祥里、铭德大厦旧改项目

苏州中海国际社区 199—2 地块

深圳振业城

振业惠阳项目

前海四单元四街坊城市设计

前海 1 号地铁概念设计

前海国际金融城空间概念研究

丁　荣

深圳市欧博工程设计顾问有限公司
董事副总经理、执行总建筑师、ARD 建筑发展中心总经理

高级工程师
一级注册建筑师
深圳杰出建筑师
香港建筑师学会会员
深圳市建设工程专家评委

设计感悟

建筑学是建筑设计和建造相关的艺术和技术的结合，是一门横跨工程技术和人文艺术的学科。一名成熟的建筑师需要 20 ~ 30 年的历练才能基本搭建完整的知识结构去应对各种复杂问题。

作为设计总负责人的角色，我一向关注创新设计本初的概念生成逻辑，使之在系统的建筑技术的逻辑框架下产生更精妙的关系。由这种关系产生的秩序让建造成为可能。

由我负责的公建项目功能复杂，规模巨大。不可复制性决定了每一个项目对我来说都是新的挑战，也是一次经验的累积。目前我承担了世界最大规模的深圳国际会展中心的设总重任。

艺术和技术，感性和理性的完美交融是我始终追求的目标。看到由欧博规划设计的一栋栋建筑拔地而起，变成一道道景观而载入历史，这种成就感让我专注设计 26 年。

主要获奖作品

1. 回龙埔新工业区城市更新项目三期
   2017 年第三届深圳建筑创作奖二等奖（未建成项目）
2. 胶州临空区服务中心
   2017 年第三届深圳建筑创作奖三等奖（未建成项目）
3. 深圳长富金茂大厦
   2017 年度广东省优秀工程设计三等奖
   2015~2016 年度亚太地产奖超高层类中国区最高推荐奖
   2015 年全国人居经典建筑规划设计方案竞赛活动中获建筑金奖
   首届深圳市建筑工程施工图编制质量金奖
4. 贵阳国际会议展览中心 -201 大厦

   2015~2016 年度亚太地产奖办公类中国区五星奖
   首届深圳市建筑工程施工图编制质量银奖
   2011 年全国人居经典建筑规划设计方案竞赛活动获建筑金奖
5. 贵阳市城乡规划展览馆
   2015 年度全国工程建设项目优秀设计成果二等奖
   2014~2015 年度国家优质工程奖
6. 康佳研发大厦
   2015 年度全国工程建设项目优秀设计成果二等奖
   深圳市第十五届优秀工程勘察设计评选获公共建筑三等奖
7. 深圳半岛城邦
   深圳市第十三届优秀工程住宅建筑二等奖
8. 贵阳国际会议展览中心
   2014 年度原创景观设计奖（中国·深圳）三等奖

深圳国际会展中心

贵阳国际会议展览中心

深湾汇云中心

深圳半岛城邦花园（三、四、五期）

深圳坪山文化中心

长富金茂大厦

未来方舟 D 区

王 格

华阳国际设计集团 设计总监

国家一级注册建筑师
高级建筑师
第二届深圳市杰出建筑师
第三届深圳市优秀青年建筑师
东南大学建筑学硕士

　　2007 年 4 月我从东南大学建筑学院研究生毕业即来到深圳，加入华阳国际，投入一线的设计创作中。十余年时间，我从一个普通的建筑师成长为华阳国际都市部总经理，带领着近一百号建筑师团队进行设计。虽处在一个部门总的岗位，但绝大多数精力还投入在项目创作及项目管理中。

　　深知建筑学是一个知识面非常广的专业，专业学习的道路永无止境，因此始终保持着对建筑设计的热爱与激情投入每一个项目，用这种最纯真的发自内心的热爱，去感染团队，感染业主。

　　通过努力，取得了一些成绩。2012 年通过国家一级注册建筑师考试取得执业资格证书，2015 年获得深圳优秀青年建筑师称号，2018 年获得建筑设计副高级工程师资格及深圳杰出建筑师称号。主持过大中型设计项目有：（1）2010 ~ 2011 年，龙悦居三期（全国首个大规模工业化保障房项目，21.6 万 m²），担任方案主创及专业负责人。已竣工，成为国内装配式保障房项目的标杆和学习对象。（2）2011 ~ 2012 年，招商海上世界双玺花园（居住建筑，总建筑面积 16 万 m²），担任方案主持并负责施工图的审核，施工现场的配合。该项目作为深圳顶级的豪宅，建成后受到市场的追捧。（3）2013~2017 年，华为松山湖终端项目（研发办公楼，105 万 m²），担任专业负责人和项目经理。目前项目效果初步展现，获得华为的认可和好评。（4）2015 ~ 2017 年，深业世纪山谷城市更新单元项目（居住建筑，总建筑面积 33.7 万 m²），担任项目经理，主持负责设计的全面把控和对外协调工作；项目进行中，方案设计过程中得到甲方高度认可。

　　对于建筑设计而言，37 岁的年龄还是刚刚起步的少年，未来的路还很长，唯有用心耕耘，不忘初心，保持激情，为社会贡献更多的优秀作品，这是我始终坚持的奋斗目标。

荣誉

1. 深圳龙华拓展区 0008 地块保障房
荣获中国首届保障房设计竞赛一等奖
荣获最佳产业化实施方案奖

2. 上东国际花园
荣获深圳市优秀工程勘察设计评选三
等奖

3. 龙悦居三期
荣获全国优秀工程勘察设计行业奖
荣获深圳市保障性住房优秀工程设计

4. 京基天颐津城小区北区住宅
荣获 2013 年最佳 BIM 绿色分析应用奖
三等奖

5. 招商海上双玺花园 (02-16-11 地块)
荣获全国民营工程设计企业优秀工程设计华彩奖铜奖

塔楼实景

项目名称：招商海上世界双玺花园
项目地点：深圳市南山区蛇口
设计时间：2011 ~ 2012 年
总建筑面积：16 万 m²
获奖：全国民营工程设计企业优秀工程设计建筑方案创作类华
彩铜奖
第二届深圳市建筑工程施工图编制质量金奖
第三届深圳市建筑工程施工图编制质量银奖

会所实景

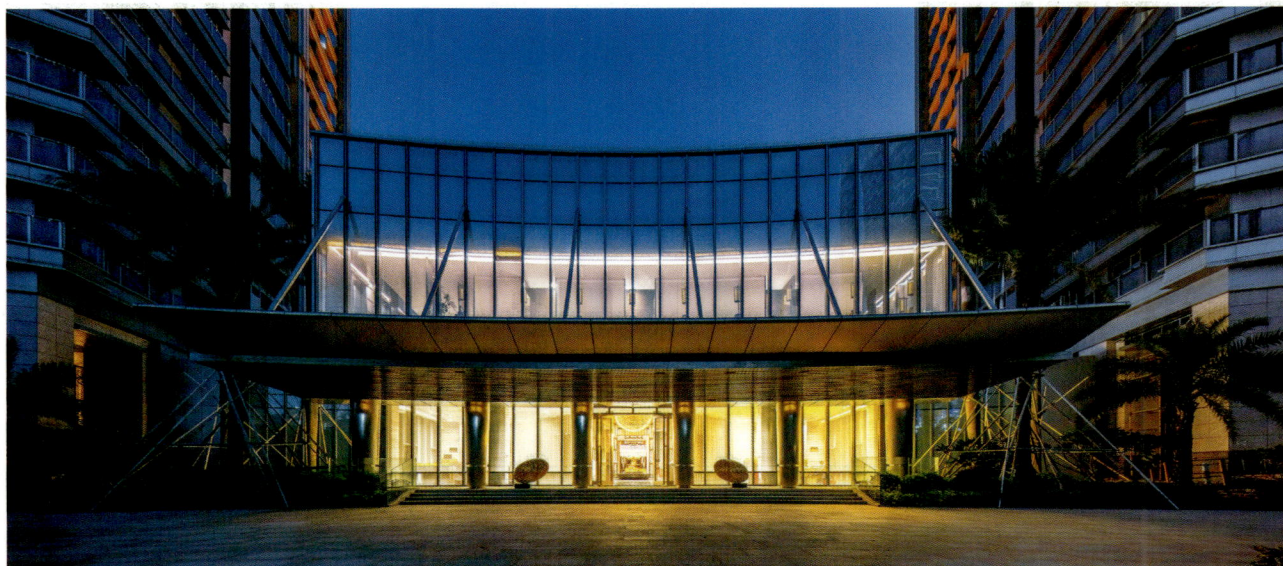

会所实景

小区入口实景

洋房实景

项目名称：华为松山湖终端项目（建设中）
规模：总建筑面积 105 万 m^2
设计时间：2013 ~ 2017 年
合作单位：日建设计

胡　铮

境工作室主持建筑师

高级工程师
一级注册建筑师
2018 年深圳杰出建筑师
深圳市建筑设计审查专家

教育背景

哥伦比亚大学建筑与城市设计硕士
东南大学建筑学硕士
武汉大学城市规划本科

个人阐述

　　胡铮先生于武汉大学获得建筑学学士学位，又于东南大学获得建筑学硕士学位。后留学美国，获得哥伦比亚大学建筑与城市设计硕士学位。

　　2011 年，胡铮先生作为主持建筑师与创始人，于深圳成立境工作室，成为目前深圳设计领域活跃的青年建筑师之一。

　　其作品多次获得国内重要奖项，包括中国建筑学会创作金奖；香港建筑师学会海峡两岸与香港、澳门建筑设计大奖（卓越奖）；WA 中国建筑成就奖佳作奖以及深圳建筑创作奖金奖。

设计理念

　　在设计实践中，密切关注城市化进程中空间与社会生活关系的变化。致力于通过独创性的空间形式操作，重组和改善社会生活，增强人的生命体验。主张设计回归理性，并注重知识、信仰和情感在设计过程中的表达，以丰富现代建筑的人文内涵。

三亚凤凰国际机场停车楼综合体

项目职责：项目负责人 + 主创建筑师
项目地点：海南省三亚市
建筑面积：134987m²
建筑高度：35m
设计 / 竣工：2014 年 /2017 年

项目地处高铁站与机场候机楼之间，基地东西绵长，南北狭促，四周为机场进出道路所限制。

综合考虑机场片区的城市条件及限高要求，一个水平"巨构"几乎成为看似激进实则理性的必然选择。通过将建筑抬升，将地面空间释放出来，有效组织到港和离港的车行交通流线，并扩充了停车规模。

举在空中的新的地面层东西向贯通延伸，承托免税商场、办公、商业及酒店等多种功能体。不同功能体之间留出宽阔的通道，利于引导人群在城市和机场航站楼之间流动。同时，通过合理组织不同标高的人行路线，机场停车楼综合体能够将毗邻的高铁站、城市公交车站以及机场航站楼无缝连接起来。

立体穿透的合院式建筑类型是响应功能需求和气候条件的理性选择。将合院局部打开，在底部和中间楼层创造出多种虚空间，将微风和漫射光引入内院，有利于形成适合三亚热带海洋性气候户外活动空间。

中铁西南总部

项目职责：项目负责人 + 主创建筑师
项目地点：四川省成都市
建筑面积：117432m²
建筑高度：177m
设计 / 竣工：2014 年 /2017 年

　　将塔楼置于城市道路边，将西面场地释放出来放置低矮的裙房，从而建立起从自然到城市过渡的完整的空间序列，同时实现了建筑在城市中的锚固。塔楼采用两块板高低错位，沿城市道路板块落地，另一块板则升起，裙房构成一个水平的板块，插入到塔楼升起的板块下面，由此形成一个板块组合的有机整体。

　　水平的裙房板块底部浮起，可植入商业功能，在其顶部则构筑出一个平坦的表面，如同一个漂浮的人工地面，承托垂直拔起的塔楼体量，并迎向远方的公园。

　　裙房经过调整，加强了从周边城市向建筑内庭的渗透关系。下沉广场的设计，引导市民从中央绿带深入建筑空间，营造出立体流动的空间氛围。

简上体育综合体

项目职责：项目负责人 + 主创建筑师
项目地点：广东省深圳市
建筑面积：65154m²
建筑高度：54m
设计 / 竣工：2017 年 / 至今

　　简上体育综合体位于龙华核心的民治街区，我们试图创作一个融合型的体育场馆：融合城市与场馆；融合赛时与日常使用；融合室内与室外空间；融合体育运动与文化生活。

　　将各活动场馆布置在用地内，根据红线退线和用地边界调整建筑体量。垂直叠加各活动场馆，将大体量游泳馆及多功能馆布置底层，其余小馆布置其上。建筑体量沿东侧及南侧叠落退让，照应东侧规划绿带，在北侧限定积极的城市广场，强调城市景观轴线。在游泳馆及多功能馆体量之间退让出下沉入口广场，形成半开放的共享空间。错动的体量之间嵌入 24 小时开放的公共活动空间，创造出适应南方气候特征的室外体育活动场所。串联公共活动空间，最大化激活建筑内外的体育活动，形成最终形态。

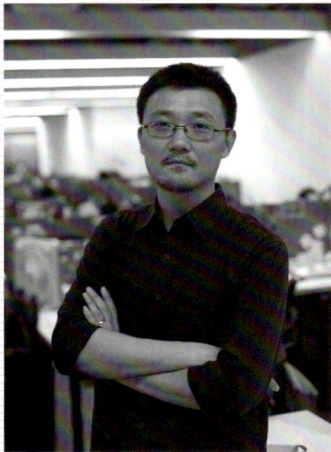

禹　庆

境工作室主持建筑师

高级工程师
一级注册建筑师
2018 年深圳杰出建筑师
2015 年第三届优秀注册建筑师

教育背景

重庆大学建筑城市规学院建筑学本科
华南理工大学建筑学院建筑学硕士

个人阐述

　　禹庆先生现任境工作室主持建筑师，在多年的职业生涯中主持过多项重要及复杂的城市与建筑设计项目，并屡获嘉奖，个人曾被评为深圳杰出建筑师及深圳市优秀注册建筑师。在实践中以人与环境的关系为本，关注现代社会中的城市与建筑演化，并一直致力于寻求平衡、理性、全面的建筑设计与项目管控方法，既强调设计在物理层面的技术性，又强调在情感层面的精神性。

设计理念

　　在现代语境下，正视对于当代产生巨大影响的各类重要力量——政治、资本、商业、科技等——在城市与建筑空间上引发的变迁，同时以人基本的尺度与精神体验为出发点关注人于其中的存在方式，寻找一种既能适应不断改变的现代，又能持久地容纳和引发人所特有的原始情感的空间塑造方式。并将这种寻找的行为贯彻于从建筑概念到建筑技术深化到建筑落成的完整的实践过程中。

青岛邮轮母港客运中心

项目职责：主创建筑师 + 项目经理
项目地点：山东省青岛市
建筑面积：5969m²
设计 / 竣工：2012 年 /2015 年

青岛港国际邮轮母港客运中心不仅是一个国际化的交通建筑，更应该成为一个充满活力、能为城市功能作贡献的综合性建筑，以符合现代交通枢纽的发展趋势。我们的设计目标是创造融旅游、休闲、娱乐于一体的商业配套设施，并植入海洋、邮轮、青岛港史的展览文化空间，如邮轮体验中心、港史展览廊、临时展览平台等。通过开放式的滨海公园，让市民可以自由享受滨海休闲生活，相连通的屋顶观景平台与商业室内外平台，形成更加丰富的公共空间。

四川省美术馆

项目职责：主创建筑师
项目地点：四川省成都市
建筑面积：19700m²
设计 / 竣工：2009 年 /2013 年

　　本方案根据基地轮廓，退线要求及后部小学住宅的日照要求生成基本的形体，"东高西低"、"东重西轻"，体量成"翘首回盼"之势，形体、立面起伏、进退，流畅协调，四川美术馆主入口朝东南，形成向天府广场的"向心力"，同时"借景"。机动车西入东出，与城市交通体系一致。充分发掘地下空间，在地下一层结合下层庭院布置公共配套设施，同时在地下二层建立地下汽车通道与省图书馆连接，形成更大范围连贯的城市停车系统。建筑东南角"裂"开一"豁口"，形成有视觉冲击力的"艺术之门"。步入"艺术之门"，是 30 多米高的美术馆大厅，几处自然光源配合着极具动感的墙面指引着参观方向。

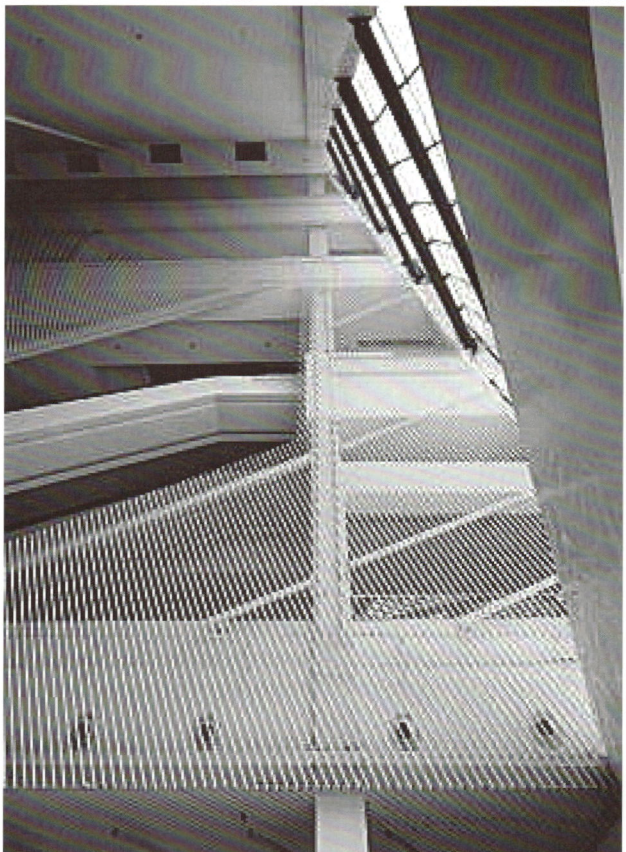

天津国际邮轮母港客运大厦

项目职责：主创建筑师
项目地点：天津市
建筑面积：57746m²
设计/竣工：2008年/2010年

　　天津市地处环渤海经济圈的中心，地理位置优越。随着近年来邮轮旅游的兴起，将会有越来越多的国内外旅客选择以天津作为出入口。邮轮母港位于天津港东疆港区的最南端，建设规模被要求具有停靠目前世界上最大邮轮的能力。作为其标志建筑的客运中心，是这条"新海上丝绸之路"的起点——届时，客运中心必须具有同时处理两艘豪华邮轮的4000名旅客在3小时内通关的能力。"海"与"丝绸"这两者形态上所拥有的共同点让建筑师非常着迷——连绵无尽的起伏，光影于其上的变幻莫测显得幽雅而柔美，这种形态里找不到横平竖直，找不到标准化的构形单元，这是一种属于自然的构形逻辑，并且具有良好的象征意义。

曾耀松

深圳华森建筑与工程设计顾问有限公司副总建筑师

国家一级注册建筑师
高级建筑师
建筑事业二部总经理
深圳十佳青年建筑师

学习及工作简历

2004 年 6 月毕业于华南理工大学建筑学院建筑系，获建筑学本科学位

2007 年 6 月毕业于华南理工大学建筑学院建筑系，获建筑学硕士学位

2007 年至今就职于深圳华森建筑与工程设计顾问有限公司

主要项目及代表作品

紫元元大厦（公建 6 万 m^2，200m）项目负责人

柬埔寨金边超高层项目（公建 26 万 m^2，280m）项目负责人

深圳金利通金融中心（公建 20 万 m^2，225m）项目负责人

侨城一号广场（公建 14 万 m^2，250m）项目负责人

天誉南宁东盟创客城（综合体 66 万 m^2，500m）项目负责人

昆明大成金融商务中心（综合体 24 万 m^2，200m）项目负责人

烟台富饶中心（综合体 18 万 m^2，150m）项目负责人

烟台正海大厦（公建 10 万 m^2，160m）项目负责人

天誉大浪大捷达项目（公建 18 万 m^2，150m）项目负责人

深圳国际大学园院士科研中心（公建 2.6 万 m^2）项目负责人

肯尼亚凯伦项目（公建 2 万 m^2）项目负责人

深圳保达五联旧改项目（住宅 50 万 m^2）项目负责人

招商桃花园 E 区（住宅 15 万 m^2）项目负责人

招商桃花园 F 区（住宅 26 万 m^2）项目负责人

东莞家和时代（住宅 18 万 m^2）项目负责人

惠州花样年康城四季项目三期（住宅 24 万 m^2）项目负责人

许昌市风景里项目（商住综合体 20 万 m^2）项目负责人

宝安星航华府（商住综合体 37 万 m^2）项目负责人

惠阳家路一号（住宅 5 万 m^2）项目负责人

侨鑫从化养生谷白金五星级酒店
（酒店 4 万 m^2）专业负责人

深圳龙岗睿智华庭（住宅 13 万 m^2）专业负责人

深圳龙岗麓园（住宅 41 万 m^2）专业负责人

惠州中信水岸城一、二期（住宅 73 万 m^2）专业负责人

龙岗珑瑜公寓（公寓 6 万 m^2）专业负责人

深圳珑御府（住宅 6 万 m^2）专业负责人

深圳颐安阅海（住宅 2 万 m^2）专业负责人

主要论著

1.《城市综合体机动交通研究》发表于《中国建材科技》 2013

2.《绿色建筑设计浅析》发表于《中国建材装饰》 2014

深圳龙岗睿智华庭
首届深圳市建筑工程施工图编制质量银奖
深圳市第十五届优秀工程勘察设计评选（住宅建筑）三等奖

侨鑫从化养生谷白金五星级酒店
2015 年香港建筑师学会海峡两岸与香港、澳门建筑设计优异奖
2014 年广州市优秀工程勘察设计评选一等奖
2015 年广东省优秀工程勘察设计评选二等奖

常州万泽太湖云顶度假项目
2013 年南京市优秀工程设计二等奖

招商桃花园 F 区
深圳市第十七届优秀工程勘察设计评选（住宅建筑）一等奖
2017 年广东省优秀工程勘察设计评选二等奖
2017 年全国优秀工程勘察设计住宅与住宅小区评选三等奖

烟台正海大厦
2017 年山东省优秀工程勘察设计成果二等奖

宝安星航华府
深圳市第十七届优秀工程勘察设计评选 (住宅建筑) 二等奖
2017 年广东省优秀工程勘察设计评选三等奖

陈乐中

深圳机械院建筑设计有限公司方案
所所长

2000 年本科毕业于天津城建大学建
筑学专业

2013 年硕士毕业于深圳大学建筑设
计及其理论专业

教授级高工

国家一级注册建筑师

深圳市优秀项目设计负责人

深圳市第二届杰出建筑师

深圳市交易中心评标评审专家

深圳绿色建筑协会绿色建筑评审专家

深圳住建局科技委员会委员

深圳大学硕士研究生毕业论文答辩评委

旭飞集团设计顾问

如果说上帝是人类的第一造物者，那么建筑师则是人类的第二造物者。人类已经连续对地球进行了上千年的生态破坏，作为第二造物者，今天我们肩负着为人类建造绿色低碳建筑，推广节能减排的使命。

主要获奖项目

1. 龙华扩展区 0009 地块保障性住房
   首届深圳市保障性住房优秀工程设计二等奖
   深圳市第十六届优秀工程勘察设计评选一等奖
   2014 年机械工业优秀工程勘察设计二等奖
   2011 年中国首届保障性住房设计竞赛鼓励奖
   2015 年广东省优秀工程勘察设计二等奖

2. 珠海云顶澜山花园
   深圳市第十六届优秀工程勘察设计三等奖
   2016 年机械工业优秀工程勘察设计三等奖

3. 万科四季花城

   2006 年机械工业优秀工程咨询勘察设计二等奖

4. 贵阳市金阳新区碧海花园总体规划
   2003 年第三届机械工业优秀工程咨询成果三等奖

5. 贵阳一中金阳新小区
   2007 年机械工业优秀工程咨询勘查设计二等奖

6. 卓越蔚蓝海岸三期工程
   2005 年机械工业优秀工程咨询勘察设计二等奖

7. 城中村改造规划设计实例分析
   2015 年科学发展与构建和谐社会理论实践成果一等奖

南山荔香中学

深圳市第三人民医院

太和县城关卫生院妇幼保健院项目

南昌长春湖壹号

深圳市龙华拓展区 009 地块保障房

上海市国际节能环保园

深圳实验学校高中部

罗湖高级中学

深圳卓越浅水湾花园

蔚蓝海岸三期工程

珠海云顶澜山

东莞松山湖中科瑞龙研发楼

周　新

香港华艺设计顾问（深圳）有限公司建筑事业四部总建筑师
高级建筑师

国家一级注册建筑师
深圳杰出建筑师
深圳市建筑工程（建筑设计）高、中级专业技术资格评审委员会评委
重庆大学建筑城规学院专业硕士研究生企业导师

主持设计了深圳中海九号公馆项目、深圳莱蒙水榭春天项目、上海长风 6B7C 地块项目（中海紫御豪庭）、佛山中海金沙湾西区、深圳招商前海自由贸易中心超高层项目、深圳华侨城天鹅湖 4 号地超高层住宅及商业综合体、深圳市裕和溪涌城市更新项目、汕头大学医学院附属肿瘤医院异地重建项目、贵阳金融中心、广铝远大总部经济大厦、满京华集团深圳国际艺展城等项目，多次获得国家、省级、市级各类行业专业奖项。工程经验丰富，参编《深圳市建筑设计规则》等行业地方规范，多次担任深圳市建筑工程高、中级专业技术资格评审委员会评委，被聘为重庆大学建筑城规学院专业硕士研究生企业导师。主持完成了《海绵城市建设技术在高密度居住小区设计中的应用》等科研课题，以及实用新型专利《一种适用于多雨地区的通风窗结构》。

深圳中海九号公馆 1

深圳中海九号公馆 2

深圳莱蒙水榭春天

上海中海紫御世家

深圳沙浦满京华国际艺展城

佛山中海金沙湾西堤

汕头大学医学院附属肿瘤医院

蔡旭星

深圳市市政设计研究院有限公司建筑规划设计院副院长

高级建筑师
国家一级注册建筑师
深圳注册建筑师协会常务理事
第二届深圳市杰出建筑师

从业 20 年来，主持及技术负责特大、大型工程项目 20 余项（总建筑面积约 300 万 m²），积累了丰富的专业技术及实践经验。

擅长交通枢纽建筑及地铁上盖物业项目的规划与设计，实践代表项目包括深圳市福田交通综合枢纽换乘中心、深圳地铁 3 号线工程老街站及换乘综合体、长春火车站综合交通换乘中心北广场工程、深圳市地铁文化体育公园、深圳地铁 11 号线松岗车辆段上盖物业、深圳地铁安托山停车场上盖物业。

主持设计的项目先后获得国家行业一等奖 1 项、国家行业二等奖 1 项、省优一等奖 2 项、省优三等奖 2 项，市优一等奖 2 项、市优二等奖 2 项、市优三等奖 3 项、施工图优秀设计奖 1 项；完成使用新型专利 3 项。

紧跟建筑专业技术发展新趋势，在做好传统技术应用的基础上，近年来在绿色建筑、智慧城市、BIM 技术应用和装配式建筑设计等方面积极实践和探索，为公司业务发展奠定坚实的技术基础。

主要获奖作品

1. 长春火车站综合交通换乘中心北广场工程，获 2015 年度全国优秀工程勘察设计奖市政公用工程一等奖

2. 深圳市福田交通综合枢纽换乘中心工程，获 2011 年度全国优秀工程勘察设计行业奖建筑工程设计二等奖

3. 深圳地铁老街站换乘综合体及上盖物业，获深圳市第十五届优秀工程公共建筑三等奖

4. 深圳市人民南片区道路景观改造工程，获 2009 年度广东省优秀工程设计二等奖、深圳市第十三届优秀工程勘察设计二等奖

深圳地铁文化体育公园外景

深圳地铁老街站换乘综合体及上盖物业外景

长春火车站综合交通换乘中心北广场

深圳市福田交通综合枢纽换乘中心工程

牟中辉

深圳市华汇设计有限公司董事总经理、总建筑师

国家一级注册建筑师
天津大学建筑学院
建筑学硕士

　　从业多年，以前沿的设计思维、丰富的实地落地经验带领建筑师们不断打造出诸多获得业内认可的优秀项目，并与万科、招商、华侨城、融创等国内诸多知名开发商形成良好合作。

论文发表

2017.5 人文与品质感的院落住宅体验 《工程建设与设计》

2016.11 院落精神的现代诠释 《工程建设与设计》

2012.5 西安华侨城壹零捌坊项目解析 《住区》总第 51 期

2009.8 寻求中高密度社区规划设计的新模式 《建筑学报》

2012.8 西安华侨城壹零捌坊项目解析 《时代楼盘》第 92 期

主要获奖

2013 年 第九届中国建筑学会中国青年建筑师奖

2016 年 香港建筑师学会海峡两岸与香港、澳门建筑奖银奖 & 优异奖 / 四项

2016 年 中国建筑学会建筑创作银奖

2015 年 金拱奖建筑设计金奖

2014 年 中国建筑学会建筑创作银奖

2012 年 世界华人住宅与住区建筑设计奖

2011 年 世界华人住宅与住区建筑设计奖

2009 年 第六届精锐科学技术奖 建筑设计奖优秀奖

2015 年 第八次广东省注册建筑师协会优秀建筑创作奖

2015 年 第八次广东省注册建筑师协会优秀建筑佳作奖

西安华侨城壹零捌坊

上海万科有山

华侨大学厦门工学院经管学院

贵阳中铁阅山湖文化中心

南通万科翡翠东第

郑州融创御湖宸院

顺德华侨城欢乐海岸

深圳招商中环

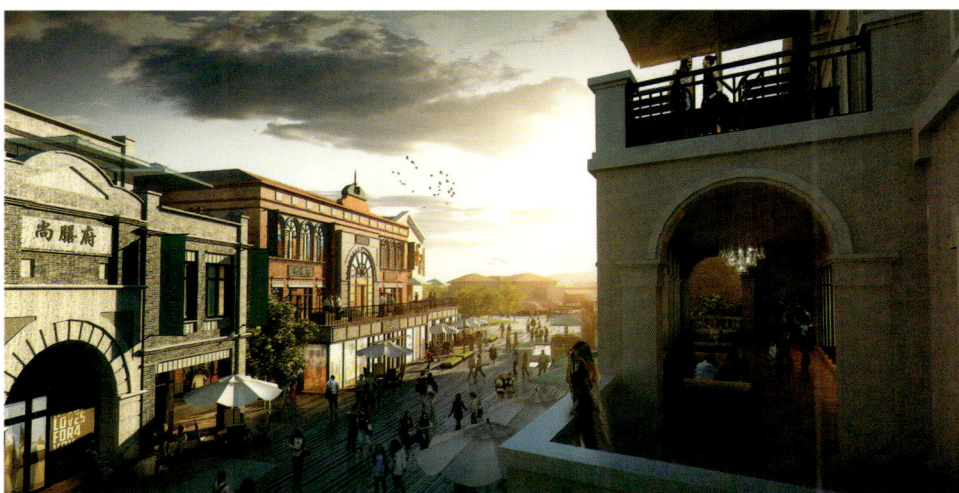

天津融创泰达城

陈朝阳

广东省建筑设计研究院副院长

设计感悟

在西方文明最鼎盛和全球经济一体化的今天，作为一名中国现代的建筑师，必须具备强烈的历史责任感和使命感。中华民族五千年灿烂文明，无数世界级艺术瑰宝，无数世界级建筑殿堂，无一不是来自最纯净、最美好、最高贵、至善至纯的人心！正所谓修己方能安人，我们这一代建筑师，从开放合作、创新发展到回归自然、走向世界的成长，从快速的城市化建设和美丽乡村的发展浪潮，到"一带一路"贡献中国的智慧。只有重新把根深深地扎进民族圣贤文化中去，正心修身、天人和谐、明心见性、方能像太阳一样普照寰宇，带给世界光明和希望、幸福和美满。

为了我们共同的福祉，全力以赴做到最好

主要获奖作品

1. 深圳华润中心一期，获 2005 年度建设部部级城乡优秀勘察设计二等奖，香港优质建筑大奖境外特别奖，2005 年广东省优秀工程勘察设计一等奖

2. 深圳新怡景商业中心，获 2009 年全国优秀工程勘察设计行业奖二等奖，获 2009 年度广东省优秀工程设计一等奖

3. 深圳海上世界酒店，获 2015 年全国优秀工程勘察设计行业奖二等奖，获 2015 年度广东省优秀工程勘察设计奖二等奖，获深圳市第十六届优秀工程勘察设计公共建筑一等奖

4. 深圳招商局广场，获 2015 年度全国优秀工程勘察设计行业奖建筑工程公建二等奖，获 2015 年度广东省优秀工程勘察设计奖一等奖，获深圳市第十六届优秀工程勘察设计公共建筑一等奖

5. 深圳中广核大厦，获 2016 年中国施工企业管理协会工程建设项目优秀设计成果二等奖，获深圳市第十七届优秀工程勘察设计奖工程设计一等奖

6. 深圳伍兹公寓，获 2014 年中国建筑学会建筑创作奖银奖，获 2013 年广东省优秀工程勘察设计奖工程设计一等奖

7. 深圳鲸山花园九期，获 2015 年度全国优秀工程勘察设计行业奖住宅小区，获 2015 年广东省优秀工程勘察设计奖住宅小区项目一等奖，获深圳市第十六届优秀工程勘察设计住宅建筑二等奖

8. 昆明西山万达广场 - 双塔，获 2017 年全国优秀工程勘察设计行业奖二等奖，获 2017 年广东省优秀工程勘察设计奖工程设计二等奖，获深圳市第十七届优秀工程勘察设计二等奖

深圳海上世界酒店

深圳海上世界广场

深圳招商局广场

深圳华润中心一期

昆明西山万达广场−双塔

李 旭

深圳机械院建筑设计有限公司副总建筑师

第二方案所所长

1999 年毕业于华南理工大学建筑学专业

国家一级注册建筑师

教授级高工

深圳市第二届优秀设计项目负责人

深圳市第二届杰出建筑师

广东省深圳市专家库专家

　　"建筑是人与自然和社会沟通的媒介"。李旭大学毕业后来深圳机械院建筑设计有限公司从事建筑设计工作与管理工作近 19 年，岗位从助理建筑师、建筑师、专业负责人、项目负责人到公司副总建筑师、方案所所长，带领设计团队完成了四十余项工程设计，获得了许多奖项和荣誉及业主方的认可。同时一直潜心致力于"建筑与自然和社会之间的价值共生关系"的研究，并会坚定地将此理念发扬下去。

一、主要获奖项目

1. 深圳中心区时代金融中心办公楼

　　2005 年广东省第十二次优秀工程设计一等奖

　　2004 年深圳市第十一届优秀工程建筑设计二等奖

2. 深圳市华侨城波托菲诺——纯水岸

　　2007 年深圳市第十二届优秀工程设计一等奖

　　2004 年第八届中国机械工业优秀工程设计二等奖

3. 长春喜来登花园酒店

　　2014 年中国机械工业优秀工程设计一等奖

4. 中节能（江西）总部基地规划设计方案

　　2015 年首届深圳市建筑创作奖铜奖

5. 深圳正奇未来城

　　2017 年第三届深圳建筑创作奖金奖

二、主要代表作品

1. 深圳正奇未来城产城综合体项目

2. 中节能集团（江西）总部基地城市综合体项目（绿色三星）

3. 珠海前山村旧村城市综合体改造项目

4. 盐田科技大厦

5. 宁波半边山旅游度假村五彩渔镇项目

6. 长春喜来登花园酒店项目

7. 深圳中心区时代金融中心办公楼项目

8. 深圳市龙华区民丰九年一贯制学校

9. 东莞固高自动化研发中心

10. 西安国际港务区金融家俱乐部

深圳正奇未来城

长春喜来登花园酒店

中节能集团（江西）总部基地城市综合体

珠海前山村旧村城市综合体改造

盐田科技大厦

深圳市龙华区民丰九年一贯制学校

深圳中心区时代金融中心办公楼

东莞固高自动化研发中心

西安国际港务区金融家俱乐部

宁波半边山旅游度假村五彩渔镇

吴彦斌

改革开放 40 年，深圳特区从昔日一座默默无闻的小渔村，成为现在具有国际影响力的全国经济中心城市、科技创新中心、区域金融中心。繁华的都市，沉淀着建设行业工作者的奋斗和艰辛。作为建筑师，本人也有幸能投身于改革开放的建设高潮中。随着设计市场的开放和对外交流的加深，国外同行的先进理念也更多渗透到国内的项目中，也能够为我们真实感受到发达国家老牌设计企业的管理模式及注册建筑师的职业化程度和服务意识。其各方面仍需要我们不断学习和进一步地追赶。这是一个不可多得的时代，虽然已经取得了举世震惊的建设成就，但我们仍然面对着城市化进一步的深耕和美丽乡村的建设。建筑师仍需要不断地增强全球化的视野，吸取发达国家的先进技术和总结自身发展路途上的经验教训，传承与发掘国家优秀的文化传统，并加强自身的综合能力和职业素养，为新时代的改革开放事业贡献应有的力量，揭开新的篇章。

主要获奖作品

2017 年　南海意库梦工厂大厦获全国优秀工程三等奖　中国勘察设计协会

2015 年　海上世界酒店获全国优秀工程二等奖　中国勘察设计协会

2015 年　东莞信息大厦获全国优秀工程三等奖　中国勘察设计协会

2017 年　华润大冲旧村改造项目大涌商务中心三期获广东省优秀工程三等奖　广东省工程勘察设计行业协会

2007 年　广州万科四季花城（1-3 期）获广东省优秀工程二等奖　广东省工程勘察设计行业协会

2015 年　东莞信息大厦获广东省优秀工程二等奖　广东省工程勘察设计行业协会

2017 年　南海意库梦工厂获广东省优秀工程一等奖　广东省工程勘察设计行业协会

2015 年　海上世界酒店获广东省优秀工程二等奖　广东省工程勘察设计行业协会

2016 年　华润大冲旧村改造项目大涌新城花园一期获深圳市优秀工程一等奖　深圳市勘察设计行业协会

2016 年　神农太阳城项目获深圳市优秀工程三等奖　深圳市勘察设计行业协会

2016 年　华润深圳湾综合发展项目南区获施工图编制质量银奖　深圳市勘察设计行业协会

2014 年　海上世界酒店获深圳市优秀工程一等奖　深圳市勘察设计行业协会

2016 年　华润大冲旧村改造项目大涌商务中心获施工图编制质量铜奖　深圳市勘察设计行业协会

2016 年　华润大冲旧村改造项目大涌商务中心三期获深圳市优秀工程二等奖　深圳市勘察设计行业协会

2016 年　南海意库梦工厂大厦获深圳市优秀工程一等奖　深圳市勘察设计行业协会

2013 年　东莞广盈大厦获东莞市优秀工程一等奖　东莞市勘察设计协会

华润大冲旧村改造项目大涌商务中心

深圳海上世界酒店

深圳南海意库梦工场大厦

东莞电信大厦

孙 剑

香港华艺设计顾问（深圳）有限公司执行总建筑师
医疗建筑设计研究中心总经理

教授级高级建筑师
国家一级注册建筑师
深圳杰出建筑师
香港建筑师学会会员

　　主持设计了深圳美加广场、青岛海信慧园二期、南京栖园、华侨城纯水岸栖湖花园二期、深圳曦城三期、深圳汇港名苑、厦门厦航同城湾、上海慧芝湖花园、梅州熙河湾、三亚海棠湾南田农场、吉林广电中心、山东蓬莱酒店、利群文登酒店、即墨利群商业及酒店、深圳中学总体改造二期工程、襄阳中心医院、深圳宝安区人民医院整体改造工程、深圳龙华新区综合医院、贵阳市沿河县民族中医院（含妇幼保健院）等项目。所负责项目屡次获得省部级奖项。

　　作为深圳市绿色建筑专家委员会委员，参与编写了《深圳市公共建筑节能标准实施细则》和《深圳市居住建筑节能标准实施细则》。参与了《城市居住建筑集成技术研究》等科研项目。

　　承担社会责任，担任深圳仲裁委员会仲裁员。

深圳招商华侨城曦城

惠州五矿哈施塔特小镇

吉林广电中心

深圳宝安区人民院整体改造工程（二期）

深圳中学总体改造二期工程——成美楼

珠海中海富华里

章锡龙

深圳市北林苑景观及建筑规划设计院有限公司副总建筑师、北京分院副院长

国家一级注册建筑师

设计感悟

在十几年的工作和实践学习之中，学习了一套过硬的计算机辅助设计能力，熟练掌握了与设计相关的所有软件，具备了做好设计的前提条件。以往的设计比较重视造型和设计感，但一个优秀的设计作品能够完美地建成展示在世人面前，还离不开投资商的大力支持、监理方的积极配合以及施工方的严谨态度。所以优秀的设计好比是个美食菜单，要想尝到最后的美食，需要精致健康的食材、技术精湛的厨师和功能齐全的器具。另外，我发现在大型的工程项目当中一个好的项目团队有多么的重要！现在社会发展越来越多样化和专业化，这就要求风景园林师及建筑师不仅要具备优秀的专业素质和专业技能，更重要的是拥有对整个项目的把控能力，同其他设计师及其他专业之间分工协作能力，还有对项目操作的管理能力，要充分发挥不同技术人才的优点，分工合作，这样才能打造出精品工程。在作出优秀的设计的同时还必须充分满足顾客的需求，做好优质的设计服务。所以我面临的新挑战就是专业管理能力和协作能力的提高，与顾客交流与沟通能力的完善。

主要获奖情况

1. 深圳市水土保持科技示范园一期工程获全国优秀工程勘察设计行业奖评选市政公用工程一等奖

2. 深圳大学生运动会体育中心景观设计获全国优秀工程勘察设计行业奖评选园林景观一等奖

3. 深圳市 2 号区域绿道特区段规划项目获全国优秀工程勘察设计行业奖评选

市政公用工程二等奖

4. 罗湖口岸 / 火车站地区综合改造工程获全国优秀工程勘察设计奖铜奖

5. 四川省攀枝花金沙江中心区段沿江景观规划项目 获第二届中国风景园林协会优秀风景园林规划设计奖三等奖

6. 山西五台山栖贤阁宾馆落架大修工程景观设计项目 获中国勘察设计协会

"计成奖"三等奖

7.《图解园林施工图系列》 获中国风景园林学会科技进步奖二等奖

8. 2017 年度 深圳十佳青年景园师

9. 深圳福田红树林生态公园 获全国优秀工程勘察设计行业评选 优秀园林和景观工程设计二等奖

郑州园博园主入口大门

郑州园博园轩辕阁

郑州园博园高台古院

莲花山公园南大门

利用废弃锈铁板改造旧建筑成的金哲园

陈知龙

深圳市建筑设计研究总院有限公司设计总监

高级工程师
国家一级注册建筑师

从事建筑设计工作十六年，一直坚持在设计一线。以"建筑 创造美好生活"为设计目标，主持设计的项目 60 多项，共获得各类专业奖项 10 余项。其中主持设计深圳市皇庭广场（获得全国优秀工程勘察设计行业奖三等奖、北京市第十八届优秀工程设计二等奖）、深圳国检大厦（获得北京市第十六届优秀工程设计三等奖）、主持设计惠州虹海湾项目（获得 2017 年华南区年度最佳旅游度假区金盘奖）。

在商业、城市综合体项目及旅游度假项目设计上有丰富的设计经验，对大型购物中心改造升级有成熟的研究和实践。著有《场——大型商业中心公共空间营造》、《城市大型购物中心改造实践》等论文。提倡建筑与城市的融合和场所精神的营造，让普通大众感受得到建筑给城市带来的变化。

获奖工程

深圳皇庭国商购物广场　全国优秀工程勘察设计三等奖
深圳国检大厦　北京市第十六届优秀工程设计三等奖
惠州虹海湾　华南区年度最佳旅游度假区金盘奖

主持项目

2004 年	深圳市中心购物公园	深圳市福田中心区	星河控股集团有限公司
2007 年	三远怡和园	广东省惠州市大亚湾	惠州大亚湾中联房地产开发有限公司
2008 年	台州新明国际家具生活广场	浙江省台州市椒江区	泰州新明置业投资有限公司
2009 年	皇庭广场	深圳市福田中心区	深圳融发投资有限公司
2010 年	百丽大厦	深圳市南山区后海中心区	新百丽鞋业深圳有限公司
2012 年	温商时代广场	浙江省台州市	台州温商时代置业有限公司
2013 年	万方塑料城	广东省佛山市高明区	广州万方投资有限公司
2015 年	万祥瑞景湾	福建省泉州市	泉州市东海房地产开发有限公司
2016 年	虹海湾二期万豪酒店	广东省惠东县双月湾	惠东县宝安鸿基房地产开发有限公司
2016 年	虹海湾三期	广东省惠东县双月湾	惠东县宝安鸿基房地产开发有限公司
2017 年	山水印象花园	广东省中山市板芙镇	中山市东旭兆业房地产开发有限公司

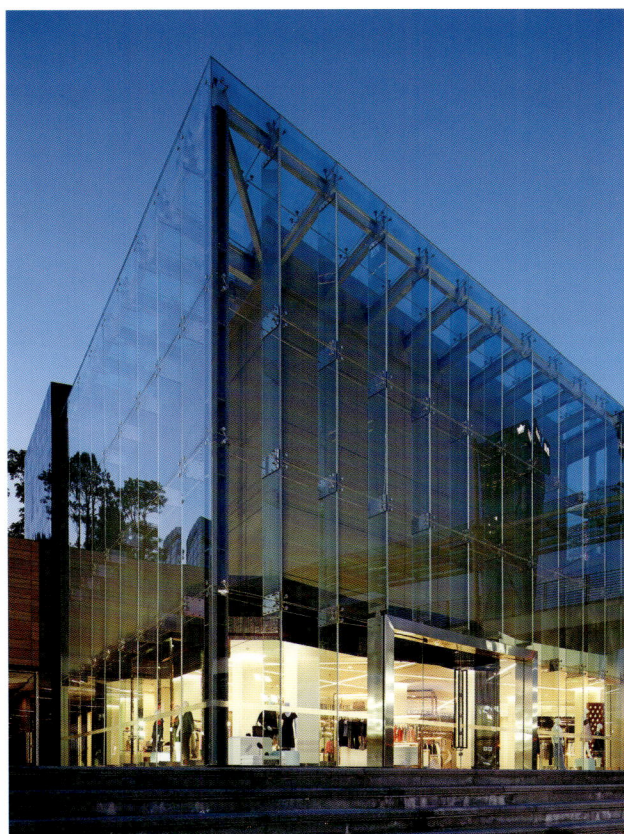

皇庭广场

百丽大厦

虹海金岸

王　浪

悉地国际公共建筑事业部高级设计总监

21 设计工作室主持建筑师

高级工程师

一级注册建筑师

2018 年深圳市杰出建筑师

2017 年度深圳市勘察设计行业十佳青年建筑师

2015 年深圳市优秀注册建筑师

深圳市建设局专家库成员

从华中科技大学获得建筑学硕士毕业后，于 2005 年 3 月加入 CCDI 至今，2011 年获得一级注册建筑师资格与高级工程师资格。兼具公共建筑和居住建筑的设计经验，具有丰富的超高层办公楼、商业建筑、产业园建筑、公共建筑设计的全过程经验。严谨勤奋，锐意进取，关注高完成度、高品质的建筑实现。

设计理念

关注建筑的高完成度建造，关注建筑与城市的关系，关注建筑与环境的关系，关注建筑空间的人性化设计，关注建筑的生态效应；在悉地国际工作的这些年中经过不断努力，完成多项重要的项目，并赢得了众多的设计竞赛；坚信只有获得社会认同的设计，处理好建筑与城市、与环境、与人的关系，具有积极社会意义的设计才算是一个好的设计，因此在设计工作中坚持与各方的沟通，在保证公众利益和城市的公共性与开放性的基础上，平衡多方的诉求完成设计，超越项目所需要达到的目标，每一个项目争取比自己的前一个项目进步一点点。除了建筑概念，建筑师应投入更多的精力在实际的建造过程的配合与控制，多下工地去发现与处理问题，合理使用甲方的造价预算去高完成度地完成建造，尤其注意公共空间和立面节点的控制，确保概念方案在落地过程中能够少走形，而在不断深化的过程中不断得到细化和提升；除了原创项目，还在与 FOSTER、KPF、SOM 等国际一线公司合作的项目中积极学习他们的国际化视野和工作方法，变成养分，滋养自己的设计思路与方法，希望自己的建筑之路能够走得更远一些；在超高层建筑设计中，效率与体验空间同样重要，除了技术系统的高效成熟，对于人性化空间的体验重视是时代发展的趋势；在商业建筑的设计中对于多样化和多元生活方式的容纳和激发是目前的重点；对于产业类建筑，对于工艺的便捷性，对于交流空间能够激发科研人员的创造力，对于造价的控制要进行平衡；对于文化类建筑要注重建筑的社会效应与公共性。

天虹商场股份有限公司总部大厦（办公 + 商业）

项目职责：主创建筑师 + 项目总负责人
项目地点：广东省深圳市
建筑面积：86544m²
建筑高度：107.9m
设计 / 竣工：2010 年 /2014 年

　　项目位于深圳市南山后海填海区中心路与东滨路交汇处西北角，紧临中心路，与东滨路间隔 120 米绿化带。本项目基地形状近似于梯形。

　　我们对项目的图解直接反映在建筑的形态上，嵌入多层次的、尺度宜人的城市广场。中庭、绿化平台组成的整体流动的公共空间体系，形成了一个多元化充满活力的、如同层层叠放的魔法盒子，时尚而又新颖的天虹总部形象。

普联产业园项目（办公＋厂房＋宿舍）

项目职责：主创建筑师 + 项目总负责人
项目地点：广东省东莞市
建筑面积：5053020m²
设计 / 竣工：2014 年 / 至今

　　项目为工业生产园区，坐落于东莞生态园月塘湖北岸，周边自然环境条件优越，地势平坦。项目分为厂区和宿舍区两部分。厂区临湖布置，以巨大的建筑尺度和平静的横向线条，与湖面交流对话。设计将传统的单一厂房纵横连接成巨大的建筑环，形成独特的地域内标志性园区形象，并加强了内部各工序之间的生产联系，同时生成多个庭院空间，打造花园式厂区。宿舍区远离城市主干道，幽静安逸。设计形象轻灵多变，高低错落，烘托了年轻员工热情活跃的居住氛围。设计创造了多处活动中心、空中活动平台，结合围合出的院落空间，塑造成多重人性化生活空间，供员工交流、体育、文娱使用，打造出丰富多彩、休闲放松的宿舍区形象。

航天科技广场

项目职责：项目总负责人
项目地点：广东省深圳市
建筑面积：196000m²
设计 / 竣工：2010 年 /2016 年

    航天科技广场为深圳市航天高科投资管理有限公司建设的一项定位为具有金融服务、精品零售、高档餐饮多种形式并存，室内、外商业空间结合的复合型商业的大型商业综合体。项目总用地 12618.67m²，总建筑面积 196000m²。设计源于人类对高度这一亘古不变的诉求，结合航天科技的意向，将这种 崇"上"的精神演变为拔地而起的摩天大楼，沉稳自信，锐意进取。关注生态，以人为本，用科技创造品质， 打造顶级的"后海商务头等舱"建筑设计创新及理念；在形体上强调两座塔楼之间的对话关系，建筑体量相互呼应，构成一个有力的整体形象，功能系统设计：建筑针对各主要功能系统进行设计，包括办公、公寓、商业及公共空间、垂直交通、顶部空间、避难区等，各系统之间彼此衔接，完整有序。围绕中庭设置垂直交通系统。结合室外平台打造丰富的商业空间。地铁通道于地块西南角接入地下一层，结合下沉广场与地面相连，并直通北地块东广场，激活片区整体商业动线，为工作和生活在这里的人们提供一个容易被接近的城市界面开放的底层通道将地铁人流引导至北侧公共广场，30 m 高通透的索网幕墙大堂提供了与室外空间相近的体验， 以精致的细部设计回应航天工业的内在精神。

华侨城总部大厦

项目职责：项目总负责人
项目地点：广东省深圳市
建筑面积：202983m²
设计／竣工：2013 年／至今
合作设计：kpf

  OCT 华侨城大厦是由 OCT 华侨城地产建设发展有限公司投资的建设项目，项目的基地南临深南大道，西临芳华苑住宅区，北临沃尔玛超市，东临汉唐大厦，南北有 5m 的地形高差。华侨城大厦作为 OCT 在深圳开发 26 年的里程碑式建筑，定位为融合华侨城生态、艺术、文化特色的可持续绿色建筑，功能涵盖甲级办公、商务配套和商业等三部分，建成深圳极具代表性和标志性的都市综合建筑体。

  项目建设用地面积为 14119m²，地上总建筑面积为 149254m²，总建筑面积为 202983m²。

  OCT 华侨城大厦建筑设计满足规划要求，不仅为深南大道上打造了一栋地标超高层建筑，同时与周边环境有机协调，充分利用天然环境的优势，并将南侧的绿地有机地延伸到了项目内部，为市民提供了更多的公共活动空间。华侨城大厦不但是城市性的，更是社区性的，它作为华侨城的点睛之笔，充分整合景观、商务、休闲等资源，成为南山区乃至深圳市的高品质城市视觉地标和城市生活坐标。

红土创新广场

项目职责：项目负责人
项目地点：广东省深圳市
建筑面积：167910m²
设计 / 竣工：2014 年 /2017 年

项目建设用地位于深圳市后海总部基地的东南端，面向深圳湾，地处后海金融核心区南区的门户位置。地理位置优越，周边交通便利。项目作为深圳市创新投资集团的总部大楼，与环境及城市关系密切，科技和美学并重，标识性独特持久，细节与气质鲜明，项目体现出作为金融机构类总部大楼的形象和信誉品质，并映射深圳市创新投资集团有限公司"诚笃、务实、创新、以人为本"的企业精神。

佛山企业家大厦（办公 + 商业）

项目职责：主创建筑师 + 项目总负责人
项目地点：广东省佛山市
建筑面积：157000m²
建筑高度：245.6m
设计 / 竣工：2013 年 / 至今

佛山市企业家大厦位于佛山新城核心区域，与佛山新城交通枢纽隔街相望，项目用地交通、景观条件十分优越；总建筑面积 15 万 m²，包括一栋 53 层 9.8 万 m² 办公塔楼和 1.6 万 m² 的跨街商业裙房；建筑造型抽象为一束简洁、流畅、现代的银灰色线条，塔楼与裙房一气呵成，犹如佛山传统舞狮活动中，雄狮尾部布幔舞动拖曳形成的光带；这些流畅的线条在裙房中形成的建筑的骑楼、灰空间、退台城市绿化和商业中庭。

周圣捷

深圳华森建筑与工程设计顾问有限公司副总建筑师
方案创作中心副总经理

国家一级注册建筑师

  2003 年毕业于同济大学建筑学专业，获建筑学学士学位。2006 年毕业于德国达姆斯塔特工业大学建筑学专业，研究方向为城市设计，获建筑学硕士学位，2007 年至今就职于深圳华森建筑与工程设计顾问有限公司，现为方案创作中心方案一部经理，副总建筑师，国家一级注册建筑师。

  工作多年来，多次担任项目主要设计人、方案主创、项目总负责人，项目包括大型商业综合体，酒店，超高层办公楼、大型住宅社区、公共教育建筑等。主要作品有铜陵步行街及周边旧城改造（65.7 万 m^2，中标方案，建设中），惠州江滨华府（25 万 m^2，建设中），惠阳湖滨花园（37.5 万 m^2，建设中），大中华汕尾金宝城（22.6 万 m^2，建设中），中熙香江美墅（13 万 m^2，中标方案，建设中），深圳方大城更新改造项目（210000m^2，中标方案，建设中），济南历下商务服务中心（24.4 万 m^2，中标方案，建设中），济南燕山综合体（114000m^2，中标方案），韶关摩尔城（304000m^2，建设中）等。

主要项目及代表作品

1. 深圳建安天文观测中心（135000m^2）主要设计人
2. 浙江大学科技园 7 号地办公综合体（75900m^2）主要设计人
3. 康佳研发中心大楼（94700m^2）主要设计人
4. 南京财富广场（107000m^2）主要设计人
5. TCL 高科技工业园研发中心大楼（58100m^2）主要设计人
6. 常州泰盈八千里项目（530000m^2）项目负责人
7. 金地深圳观澜横坑水库项目（320000m^2）项目负责人
8. 金地佛山大良高层豪宅项目（160000m^2）项目负责人
9. 重庆冉家坝规划设计项目（477000m^2）项目负责人
10. 铜陵步行街及周边旧城改造规划设计（657000m^2）项目负责人
11. 印度德里工业园区设计（549000m^2）主要设计人
12. 成都青龙巷旧城改造规划设计（1176000m^2）项目负责人
13. 惠州江滨华府（250000m^2）项目负责人
14. 柳州楼梯山项目（796000m^2）项目负责人
15. 惠阳湖滨花园（375000m^2）项目负责人

惠州江滨华府

中熙香江美墅

大中华汕尾金宝城

16. 大中华汕尾金宝城（226000m²）项目负责人

17. 宣城市步行街项目总体规划设计 (1460000m²) 项目负责人

18. 联建深圳宝安住宅项目 (90000m²) 项目负责人

19. 深圳方大城更新改造项目 (210000m²) 项目负责人

20. 中熙香江美墅 (10000m²) 项目负责人

21. 广州轻工职业学校 (114000m²) 项目负责人

22. 济南历下商务服务中心 (244000m²) 方案主创

23. 郴州下湄桥项目 (174000m²) 项目负责人

24. 岳阳恒源城 (195000m²) 项目负责人

25. 广州南沙蕉门河水岸广场 (152000m²) 方案主创

26. 韶关摩尔城 (304000m²) 项目负责万人

27. 深圳爱联新屯旧改项目 (195000m²) 方案主创

28. 惠州大亚湾卓越蔚蓝海岸（510000m²）方案主创

29. 深圳乐土沃森生命科技中心（221600m²）方案主创

30. 君华时代新生项目（100000m²）方案主创

韶关摩尔城

广州南沙蕉门河水岸广场

惠州大亚湾卓越蔚蓝海岸

济南历下商务服务中心

深圳方大城更新改造

君华时代新生项目

深圳爱联新屯旧改

张震洲

CCDI 设计副总裁
公建事业部深圳部总经理

高级建筑师
深圳市第三届十佳青年建筑师
深圳首届市优秀注册建筑师
深圳市第二届杰出建筑师

　　一位专注于大型城市文化设施与公共建筑、具备国际化视野和社会责任感的青年建筑师，同时也是一名出色的专业管理人才。

　　自 2001 年加入 CCDI 以来，凭借超乎同龄人的毅力和坚持，在商业、办公、居住文化建筑等多个领域，参与了大量的工程实践，创造性地提出将大型文化建筑植入商业综合体开发的空间策略和技术手段，形成了这个领域具有一定前瞻性的学术思维。

设计理念

　　虽然"公共性"与"体验性"的话题讨论由来已久，但在大量的城市建设实施中，占主导地位的话语是标志性，差异化，价值最大化……在这两种不同的语境中，建筑设计处于开发投资行业链中下游角色，其"公共性"与"体验"的话题探讨无法回避"资本"的话语权。若两者能有机结合，实现均衡自然是喜闻乐见的事情。

　　但另一方面，暂且抛开建筑学的探讨，真正让"资本"满意的城市公共空间似乎也并不多。在现实的项目中"资本"对于城市，建筑空间的需求可以通俗地说就是要有人气，要能吸引，留住人，同时不浪费任何一处角落，除非能证明"留白"比"占满"能创造更多的价值。从这个层面来理解，"资本"非常朴实，它的积极意义在于：过滤掉不确定的、个体的感受，倾向于普世的、大众的、低风险的体验营造，创造可被衡量的价值。

　　由此，建筑师需要捕捉当地的、吻合周边环境的行为习惯加以提炼，沉淀转换为建筑、园林、景观等载体，去容纳、激发与人有关的活动。这个过程描述起来简单，实施起来困难。难在站在大众的角度，抛开专业训练的背景，去感受、体验这一处的场景，然后再以建筑师的专业能力去实施，像佛教描述的"入世"与"出世"间切换。

　　作为深圳年轻建筑师的一员，正面对未来与这座城市提供的创新发展机会，在开发建设行业链中，如果能前置参与项目投资、决策，更多地走到前沿，共同探讨"规划要点"和"任务书"形成之前的事情，延长建筑师所处的位置，面对市场，理解资本，这对于实现城市公共性、体验性将有更积极主动的意义。

深圳 南山文体中心

项目职责：主创建筑师 + 项目总负责人
项目地点：广东省深圳市
建筑面积：78800m²
建筑高度：34.8m
设计 / 竣工：2006 年 /2014 年

　　深圳市南山区文体中心的前身是南山区文化馆，建于 1993 年 8 月。随着深圳南山区的快速发展及人口密度增长，原文化馆已无法满足市民使用需求。在此基础上，重新规划剧场、体育馆与游泳馆三大功能，并与临南头街南侧的艺博馆，图书馆共同形成文体中心核心区广场。

　　对于快速更新的深圳而言，街道生活记忆尤其珍贵，我们希望新建筑建成后能延续原有建筑与街道已形成的使用空间及模式。由此，我们将三大功能区独立布置，留出巷道连接外部城市道路，便于周边居民能更方便地来到广场区，同时将体育馆的西北侧架空，让出建筑临街角的活动场地。在游泳馆和体育馆之间，通过开放的二层平台连接，将乒乓球、健身、壁球、训练馆等区域，沿平台开放，延长建筑与居民日常活动的接触界面。在剧场内部，配备了大小两个剧场，大剧场观众厅内，六个模块组合成的升降吊顶，实现了 1.3~1.9 秒的混响时间切换，在一个厅堂内，为话剧、交响乐和歌剧的演出模式提供了可能。最后，把三个场馆统一在一片大屋檐之下，沿场地北侧及西侧布置的建筑结合大尺度雨棚后，降低西晒对广场干扰，延长了市民在广场活动的时间。

厦门海峡交流中心（办公 + 商业 + 剧场）

项目职责：主创建筑师 + 项目总负责人
项目地点：福建省厦门市
建筑面积：374700m²
建筑高度：210m
设计 / 竣工：2008 年 /2017 年

厦门海峡交流中心，由城市广场、双塔办公楼、剧场与商业组成。基地坐落于大海与陆地交汇处，本方案取材自海风吹拂海浪的形象，在理性的建筑体量中，留下水纹的痕迹，转化出包容阳光与海风的建筑群体意向。错动起伏的建筑形态下，静静地梳理阳光与风的踪影。海与岸，水与建筑，人与空间彼此不再疏远，一个装满阳光与海风，音乐与活力的盒子渐渐浮出水面。

方正实用是超高层办公楼的使用保证，在方正的办公空间外侧采用鱼鳞式幕墙，通过两种角度的幕墙单元，竖向上间隔布置，实现节节高的渐变效果。远观气势，近观笔画。从远处看，节节上升的塔楼肌理隐含传统灯笼造型，也寓意吉祥、美好。近看原来鱼鳞式幕墙内有玄机，开启扇隐藏在每扇玻璃鳞片之间，通过小折面恰好形成开启扇，既满足了通风的需要，又避免直接对外的开启扇影响幕墙的整体效果。在不同的角度下看，鱼鳞式的幕墙比平面式幕墙更具立体感，随着光线的变化以及观看角度的转移，不同角度的幕墙呈现出多样的光线变化，戏剧化地捕捉出天光云影。

剧场由大小穿插的镂空铝板包裹而成，阳光透过三角形镂空洞口，在地面上撒下波光粼粼的影子。蓝天白云，影随风动，时现时隐。三层通高的剧场大厅，由高耸的折面型玻璃幕墙围合，其形态犹如竖琴琴弦，优雅笔挺，海风轻抚，仿佛就能拨动琴弦。宁静的剧场外是热闹的市民广场与商业，伴随城市公众活动，里里外外，共同演绎厦门这座海岛的大城小事。

惠州科融大厦

项目职责：主创建筑师 + 项目总负责人
项目地点：惠州仲恺高新区
建筑面积：45000m²
设计 / 竣工：2009 年 /2013 年

　　惠州仲恺高新区总部经济大楼是仲恺高新区启动区第一栋产业办公大楼，从过去以加工、生产为主导转变为高新技术研发、产业孵化、配套服务功能，其建筑载体也需要同时升级。作为第一栋总部大楼，我们希望建成后，从空间品质、能源消耗等方面为园区带来示范，应以低调务实的方式展现仲恺高新区全新的精神面貌。因此，除了形象上的升级，我们更关注形象背后，在有限的造价中，其空间载体在品质上的升级。

　　结合项目使用功能及南方气候特点，项目采用板式方正造型，结合浅色调外墙和竖向遮阳幕墙，减少建筑得热系数，并沿塔楼自下而上裂开一道空中花园，以最简洁的体量，形成最具识别性的外观，以此形成启动区的标志。

　　由此为每一层办公楼带来一处空中花园，并实现电梯厅自然采光通风，同时在塔楼的东西两侧，设置内凹室外休息平台，利用栏板外侧设置 VRV 室外机位，以平层就近布置方式，减少设备管线长度，降低能源损耗。同时，利用东西向的设备平台遮挡东西晒。在遮阳幕墙中，采用 400 宽穿孔铝板，作为塔楼竖向线条，减少塔楼采光面，降低日照得热，竖向线条内侧为开启扇；同时提高幕墙安全系数，并减少开启扇对外幕墙外观的影响。在三层的裙房中，也采用了类似的遮阳处理，并结合裙房进深，设置内中庭，改善大进深空间的采光不足情况。同时，在建筑的周边地面，设置采光通风井，实现部分地下室区自然采光通风。

　　在惠州仲恺片区，随着产业换代，产业研发大楼升级换代紧随其后，在新的更新过程中，仲恺总部大楼以务实、高效、低能耗的面貌出现在产业办公楼匮乏的惠州，希望为后续的建设奠定第一步台阶。

杨 旭

深圳市建筑设计研究总院有限公司副总经理、副总建筑师

中国建筑学会建筑师分会第六届理事会理事
第三届广东省土木建筑学会环境艺术专业委员会委员
深圳市规划和国土资源委员会建筑设计审查专家库成员
高级工程师
国家一级注册建筑师

2003 年硕士毕业于哈尔滨工业大学建筑设计及其理论专业，2009 年获深圳市勘察设计行业首届十佳提名青年建筑奖，2010 年获第八届中国建筑学会青年建筑师奖。15 年来，主持或合作完成 60 余项工程设计，其中 30 余项获得了国家、省、市各级奖项。

自从业以来，以公共建筑的原创设计为切入口，参与了如 "吉林图书馆" "常州博物馆" "临海博物馆" 等一大批具有重要影响力的建筑实践，并试图让建筑回归 "世俗化"，使其反映使用的人的真实需求，从而实现其公共性、社会性及参与度。同时，在中国快速城市化的背景下，通过主持 "深圳湾科技生态园" "留仙洞总部基地" "深圳国际低碳城" "蔡屋围片区城市更新" 等区域中心级别的产业或综合体项目，探讨通过 "城市更新" 与 "微更新" 的手段，实现城市空间的再营造，在最大化尊重城市与建筑既往肌理与状态的基础上，使其重新融入城市生活，并反映人们当下或未来可见的需求。

主要获奖

1. 2010 年 中国建筑学会青年建筑师奖
2. 2009 年 深圳市勘察设计行业首届十佳提名青年建筑师
3. 2012 年 深圳市科技创新标兵
4. 2010 年 合肥新城国际，深圳市第十四届优秀工程勘察设计评选（公共建筑）三等奖
5. 2011 年 深圳迈瑞总部大厦，2011 年度广东省优秀勘察设计二等奖，深圳市第十四届优秀工程勘察设计评选公共建筑一等奖
6. 2012 年 义乌篁园服装市场改建工程（市场），深圳市第十五届优秀工程勘察设计评选（公共建筑）三等奖
7. 2012 年 无锡国联金融大厦，2013 年度广东省优秀工程勘察设计工程设计二等奖、深圳市第十五届优秀工程勘察设计评选公共建筑二等奖
8. 2012 年 张家港市第一人民医院，第六届中国建筑学会建筑创作奖
9. 2012 年 昆山市第一人民医院开发区分院，2012 年度广东省优秀工程勘察设计工程设计三等奖、深圳市第十五届优秀勘察设计评选公共建筑二等奖
10. 2013 年 洛阳世纪华阳，深圳市第十四届优秀工程勘察设计评选住宅建筑三等奖
11. 2013 年 吉林省图书馆新馆，世界华人建筑师协会优异奖
12. 2014 年 深圳湾科技生态园一区 2、3 栋，深圳市第十六届优秀勘察设计评选（公共建筑）一等奖、世界华人建筑师协会优异奖
13. 2015 年 深圳湾科技生态园一区 2、3 栋项目，广东省优秀勘察设计奖之工程设计二等奖、2015 年原创设计建筑奖之银奖（中国深圳）
14. 2016 年 张家港市基督教堂，中国优秀建筑佳作奖
15. 2017 年 （三亚）新海干部疗养基地项目，2017 年度广东省优秀工程勘察设计奖评选（公共建筑）三等奖

吉林省图书馆

深圳湾科技生态园

张家港医院

中国银行安徽省总部大厦

钟 乔

筑博设计股份有限公司副总建筑师、联合公设总经理

高级建筑师
国家一级注册建筑师
深圳大学建筑与城市规划学院客座教授
2013 年度 CIHAF 设计中国青年建筑师年度贡献奖
第三届深圳十大优秀注册建筑师
2015 年深圳市勘察设计行业十佳青年建筑师

纯正的本土建筑师。十年如一日地坚持着自己的设计追求和梦想。

不浮夸，不激进，脚踏实地兢兢业业地在为城市盖着房子！

曾经与志同道合的青年建筑师一起创办深圳的"青年建筑联盟"。

旨在为年轻的建筑师搭建一座交流探讨、不断完善自我的平台，同时在一定程度上代表和反映一群理智的青年建筑师的声音。因每天的工作都是淹没在那些主流的商业建筑或政治建筑的设计中，纠缠在无数利益的冲突与平衡下，而恰恰正是各种利益的博弈和对抗让我们经常有机会在"边缘"地带找到经济利益和建筑公民社会价值的平衡点。作为游走在边缘地带的专业工作者，用他的专业精神和态度实现着主流建筑的"主流"社会价值观。

专注于研究建筑与日常生活的关系，关心如何塑造人群与空间的关系以及通过建筑如何影响人与人的关系，避免陷入纯形式操作和美学化的窠臼。在中国快速城市化进程中，以建筑为媒介参与并影响社会，强调建筑的社会化性质，关心建筑功能空间为社会，为城市所带来的更广泛的附加值。在建筑设计中，充分挖掘和发挥公共空间的广泛意义和真实可实现性，以及被使用的真正价值。

主要作品

1. 中粮集团亚龙湾行政中心
2. 南方科技大学行政楼
3. 深圳光明新区公共服务平台
4. 佛山三水新城文化中心
5. 深圳市职工继续教育职业技术学院
6. 揭阳中德金属生态城五大中心
7. 光明宝利来国际酒店
8. 龙园大观华中师范附中
9. 华润小径湾贝赛思国际学校
10. 贝赛思国际学校 深圳蛇口校区
11. 北大培文惠州国际学校（私立 9 年贯学校及国际学校）
12. 三亚苏商国际大厦
13. 海南史志馆
14. 浙江海外高层次人才创新园
15. 深圳市航天大厦
16. 湖南浏阳欧阳予倩大剧院
17. 东莞厚街广东国际会展中心二期
18. 惠州市盈超地产威廉城邦住宅小区
19. 中国医药城泰州纳米生命科学院研发楼
20. 深圳宝安新中心区城市设计中心广场设计
21. 360°厦门总部办公楼

获奖情况

中粮集团三亚亚龙湾行政中心

2015 年全国优秀工程勘察设计行业建筑工程·公建二等奖

2015 年"美居奖"南赛区·中国最美办公建筑

2015 年广东省优秀工程勘察设计奖·公共建筑一等奖

2015 年首届深圳建筑创作奖·建成类金奖

2015 年首届深圳创意设计七彩奖·深圳创意设计优秀奖

2013 年香港建筑师学会海峡两岸与香港、澳门建筑设计"优异奖"

2012 年国际知名建筑网站谷德建筑网项目评选全年 TOP10

海南史志馆

2016 年第二届深圳建筑创作奖·未建成银奖

深圳市光明高新区公共服务平台

2015 年首届深圳建筑创作奖·未建成类金奖

南方科技大学单体建筑群（方案）

2015 年广东省注册建筑师协会第六次优秀建筑创作佳作奖

华强北立体街道城市设计（方案）

2011 年广东省注册建筑师协会第六次优秀建筑创作佳作奖

佛山市三水新城文化中心

2015 年首届深圳建筑创作奖·未建成类银奖

社会影响

2015 年第三届深圳十大优秀注册建筑师

2015 年深圳市勘察设计行业十佳青年建筑师

2015 年南方科技大学行政楼、中粮亚龙湾酒店员工宿舍等多项作品

入选《CADE 建筑立面形式美学（建筑表皮）》一书

2013 年年度 CIHAF 设计中国青年建筑师年度贡献奖

2011 年第四届"设计师镜头中的世界"摄影沙龙全国区评选金奖

2011 年顺德水街、南方科技大学工学楼作品入选《当代建筑师三》

2010 年深圳人才园、山西高河矿工活动中心作品入选《当代建筑师一》

2008 年城市画报作品入选《08 中国建筑竞标集成》

2007 年应邀请参加首届南中国青年建筑师作品展

2007 年青年建筑联盟与意大利著名设计杂志《DOMUS》国际中文版合作共同主办《domus-inspace》国际设计大赛

2006 年与志同道合的青年建筑师一起创办青年建筑联盟 AAO

中粮集团亚龙湾行政中心

南方科技大学行政楼

龙园大观华中师范附中

佛山三水新城文化中心

深圳光明新区公共服务平台

光明宝利来国际酒店

郭赤贫

深圳机械院建筑设计有限公司常务
副总建筑师、方案所所长

国家一级注册建筑师
教授级高级建筑师
深圳市规划局专家委员会专家
深圳市住建局专家委员会专家

深圳市注册建筑师协会理事会理事
深圳市勘察设计行业专家委员会专家
深圳市首届十佳青年建筑师（2009 年）
深圳市首届优秀设计项目负责人（2012 年）
深圳市第二届杰出建筑师

　　建筑设计的基本任务是合理、公正地创造有序的城市生活环境，满足人类生活、社会经济发展和生态保护的需要。建筑设计的价值观是满足人类在环境空间、社会、文化、经济的永续和谐发展。

　　经历三十多年的积累、沉淀和提升，本人坚持以专业的、独立的视角以及良好的综合分析能力，努力寻求更好的设计技能，继续以创作优秀建筑为己任，更加坚定执着地精心创作，以优秀的设计产品回馈社会。

一、主要获奖项目

1. 深圳龙岗中心城志联佳大厦
   2003 年深圳市优秀建筑设计公建类三等奖
   2004 年中国机械工业优秀设计三等奖
2. 贵阳金阳新区碧海花园总体规划
   2003 年度中国机械工业优秀咨询成果三等奖
3. 深圳电视中心
   2007 年度广东省优秀工程设计二等奖
   2007 年度深圳市优秀工程设计二等奖
4. 深圳鸿景翠峰花园
   2009 年广东省优秀设计住宅类三等奖
   2009 年深圳市优秀设计住宅类二等奖
5. 深圳市第二人民医院内科综合楼
   2014 年度深圳市第十六届优秀工程设计公共建筑三等奖
6. 天津茂业大厦
   2016 年度深圳市优秀建筑设计公建类二等奖
7. 西安高山流水·星币传说
   2016 年度深圳市优秀建筑设计住宅类二等奖

二、主要代表项目

公建类：

1. 深圳 T3 航站楼酒店、办公、商业、交通综合体
   用地面积：79000m²；总建筑面积：270000m²
2. 深圳龙岗中心城志联佳大厦
   用地面积：22000m²；总建筑面积：30000m²
3. 深圳龙岗区友和国际大酒店
   用地面积：30000m²；总建筑面积：80000m²
4. 深圳电视中心
   用地面积：20132m²；总建筑面积：70220m²
5. 贵阳金阳新区碧海花园总体规划
   用地面积：2100000m²；总建筑面积：2200000m²
6. 天津茂业大厦
   用地面积：9220m²；总建筑面积：123069.8m²
7. 无锡宝能国际金融中心
   用地面积：7500m²；总建筑面积：100000m²
8. 深圳光启未来中心
   用地面积：17000m²；总建筑面积：200000m²

9. 报业大厦

　　用地面积：6000m^2；总建筑面积：60000m^2

10. 深圳市第二人民医院内科综合楼

　　用地面积：6000m^2；总建筑面积：70000m^2

住宅类：

11. 鸿景翠峰

　　用地面积：30000m^2；总建筑面积：100000m^2

12. 鸿荣源尚峰

　　用地面积：57000m^2；总建筑面积：274000m^2

13. 聚龙山保障房

　　用地面积：76000m^2；总建筑面积：360000m^2

14. 西安星币传说

　　用地面积：43000m^2；总建筑面积：357740m^2

报业大厦

天津茂业大厦

无锡宝能国际金融中心

深圳龙岗区友和国际大酒店

深圳光启未来中心

深圳 T3 航站楼酒店、 办公、 商业、 交通综合体

陈 颖

深圳机械院建筑设计有限公司

公司副总建筑师／项目经理／项目负责人

国家一级注册建筑师

教授级高级工程师

深圳市优秀项目负责人

深圳市第二届杰出建筑师

深圳市注册建筑师协会会员兼理事

深圳市住建局评标专家，建筑及规划专业专家

从事建筑设计工作，历任项目设计人、专业负责人、项目负责人。职业生涯三十一年从无间断，作品包括居住、办公、商业、学校、医院以及超高层建筑和大型城市综合体。

主要作品

兰州万国商厦
  大型商住综合楼，22 万 m²

中城天邑
  高层居住小区，18 万 m²

软件大厦
  绿色建筑示范项目，6.25 万 m²

盐田国际办公大楼
  超高层写字楼，6.6 万 m²

无锡茂业城二期
  城市综合体，约 40 万 m²

嘉宏湾花园
  居住小区，7.1 万 m²

无锡宝能国际金融中心
  超高层写字楼，9.8 万 m²

深圳报业集团新媒体文化产业基地
  办公建筑，5.97 万 m²

深圳尚峰花园
  高层居住小区，27.36 万 m²

深圳高新区联合总部大厦
  超高层综合写字楼，12.48 万 m²

西安高山流水·星币传说项目
  高层居住小区，34.8 万 m²

网络科技信息大厦
  超高层综合写字楼，约 16 万 m²

深圳市第三人民医院改扩建工程
  住院门诊综合楼，约 6.5 万 m²

前海自贸大厦
  超高层写字楼，6.7 万 m²

深圳广电金融中心
  超高层综合写字楼，约 23 万 m²

获奖项目

盐田国际办公大楼
  2009 年全国优秀工程设计建筑工程三等奖
  2009 年中国机械工业优秀工程设计二等奖

软件大厦
  2010 年深圳市第十四届优秀工程设计二等奖
  2011 年中国机械工业优秀工程设计一等奖

  2011 年广东省优秀工程设计二等奖

网络科技信息大厦
  2015 年首届深圳市建筑创作银奖

西安高山流水·星币传说项目
  2016 年深圳市第十七届优秀工程设计二等奖

深圳鸿荣源尚峰花园
  2016 年深圳市第十七届优秀工程设计二等奖

深圳高新区联合总部大厦
  2016 年深圳市第十七届优秀工程设计二等奖

无锡茂业城二期
  2016 年中国机械工业优秀工程设计一等奖
  2016 年深圳市第十七届优秀工程设计二等奖
  2016 年全国优秀工程设计建筑工程三等奖

深圳广电金融中心

深圳市第三人民医院改扩建工程

深圳尚峰花园

西安高山流水·星币传说项目

深圳高新区联合总部大厦

软件大厦

前海自贸大厦

无锡茂业城二期

盐田国际办公大楼

唐志华

华阳国际设计集团副总裁、集团总建筑师

国家一级注册建筑师
高级建筑师
第二届深圳杰出建筑师
首届深圳市优秀总建筑师

深圳市注册建筑师协会副会长
深圳市建设工程专家库专家
深圳市勘察设计行业协会专业专家
广东省绿色建筑评价标识专家
中央美术学院壁画系客座教授
深圳大学客座教授

　　精研建筑史、建筑美学等多个领域，将绘画、雕塑、文学、历史贯穿在建筑文化的研究与设计当中，已形成《建筑的历程与混凝土的语言》《表述建筑》《形式与品质》《雕塑、绘画与建筑》《建筑师为什么要读红楼梦》等课程体系，在业内广受欢迎。

代表作品

项目名称：深圳华润城
项目地点：深圳市南山区
总建筑面积：3800000m²
设计时间：2007 年至今

项目名称：乐荟科创谷（暂定）
项目地点：深圳市龙岗区
总建筑面积：50.3 万 m²
设计时间：2017 年至今

代表作品

项目名称：南宁万科大厦（北塔）

项目地点：南宁市五象新区

总建筑面积：69420m²

地下建筑面积：31734m²

吴 凡

深圳市欧博工程设计顾问有限公司
ARC 建筑创意中心总监

建筑设计高级工程师
国家一级注册建筑师
深圳市杰出青年建筑师
深圳市建筑信息模型（BIM）专家

感悟

　　信息时代人们多元化和个性化选择的需求，推动了各类建筑形态的产生。科技的发展为实现建筑多元化提供了技术支撑。非线性理论和工具的引入，使建筑师的创意从传统的规则束缚中解放出来。同时，建筑设计的复杂性和专业性要求加大，建筑师更加需要综合科学、美学、技术及社会、文化等不同方面的信息，在错综复杂中整理好它们与建筑的关系，真正实现以人为本的建筑，从每一个参与方的角度去尊重和认真对待所有的空间、所有的构件和所有的材料。

主要获奖作品

1. 深圳当代艺术与城市规划馆
   深圳市优秀工程勘察设计评选一等奖
   深圳市建筑工程施工图编制质量金奖
   广东省优秀工程勘察设计评选 BIM 专项二等奖及深圳市优秀
   工程勘察设计评选 BIM 专项二等奖及最佳创新奖
   中国建筑工程鲁班奖
2. 深圳地铁科技大厦
   深圳市建筑工程施工图编制质量银奖及广东省优秀工程勘察
   设计评选 BIM 专项三等奖
   深圳优秀工程勘察设计评选 BIM 专项设计二等奖
3. 惠州佳兆业中心时代广场
   深圳市建筑工程施工图编制质量铜奖

4. 广州从都国际会议中心及酒店
   广东省优秀工程勘察设计评选二等奖
   广州市优秀工程勘察设计评选一等奖
   香港建筑师学会海峡两岸与香港、澳门建筑设计大奖卓越奖
   中勘协创新杯最佳建筑信息模型（BIM）建筑设计奖三等奖
   广东省优秀工程勘察设计评选 BIM 专项三等奖及深圳市优秀
   工程勘察设计评选 BIM 专项二等奖
5. 深圳当代艺术馆与城市规划展览馆的融合设计
   深圳市勘察设计行业优秀论文一等奖

深圳国际会展中心

深圳当代艺术与城市规划馆

深圳当代艺术与城市规划馆

惠州佳兆业中心时代广场

深圳地铁科技大厦

广州从都国际会议中心及酒店

杨　晋

筑博设计股份有限公司高级副总裁

城市建筑设计公司总经理

深圳市住建局建筑设计专家库专家

东莞市建筑工程评标专家

深圳市城市创新研究会创始会员

2012 年深圳土木建筑协会 "十佳中青年技术精英"

2017 年深圳市优秀装配式建筑设计师

杨晋女士拥有 26 年建筑设计及管理经验，是领导大型多专业团队的专家，擅长最大限度地整合建筑设计、技术开发及项目的工程要求，以实现项目及客户的目标。

在二十多年的设计实践中，杨晋主持完成了涵盖商业综合体、超高层、产业园、高端居住等多类型、高完成度的多个项目，在建筑设计、工程技术和项目管理等领域，特别是功能复杂、对技术要求较高的项目方面积累了丰富的经验。近年在装配式建筑领域也有深入的研究和实践。

杨晋女士倡导宜居性和可持续性的设计原则，致力于一体化及精细化的设计实践。代表项目有深圳京基滨河时代广场、深圳天安云谷一期 03-02 地块、长沙保利·国际广场、东莞长安万科中心、深圳万科惠州双月湾二期、深圳万科梦享家系列定型产品研发，等等。

社会影响

深圳市住建局建筑设计专家库专家

东莞市建筑工程评标专家

深圳市城市创新研究会创始会员

2012 年深圳土木建筑协会 "十佳中青年技术精英"

2017 年深圳市优秀装配式建筑设计师

代表作品

2015~2017 年 深圳京基滨河时代广场

　　2017 年度全国优秀工程勘察设计行业奖建筑工程公建二等奖

　　2017 年度广东省优秀工程勘察设计评选公共建筑二等奖

　　2016 年第十七届优秀工程勘察设计评选公共建筑一等奖

　　2015 年深圳注册建筑师协会首届深圳建筑创作奖建成类银奖

2016~2017 年 深圳天安云谷一期 03-02 地块

　　2017 年度全国优秀工程勘察设计行业奖建筑工程公建三等奖

　　2017 年度广东省优秀工程勘察设计评选公共建筑二等奖

　　2016 年第十七届深圳市优秀工程勘察设计评选公共建筑一等奖

2016~2017 年 长沙保利·国际广场 B2、B3 栋

　　2017 年度广东省优秀工程勘察设计奖评选公共建筑类三等奖

　　2016 年度第十七届深圳市优秀工程勘察设计评选公建二等奖

2014~2017 年 东莞长安万科中心

　　2017 年第三届深圳建筑创作奖已建成项目三等奖

　　2014 年度东莞市优秀勘察设计评选建筑工程设计项目二等奖

　　2014 年第十六届深圳市优秀勘察设计评选优秀公共及工业建筑设计三等奖

2017 年东莞酷派天安云谷

　　2017 年度第三届深圳建筑创作奖未建成项目二等奖

2015~2017 年 深圳万科惠州双月湾二期

　　2017 年度广东省优秀工程勘察设计评选住宅与住宅小区三等奖

　　2016 年深圳市第十七届优秀工程勘察设计评选住宅建筑二等奖

　　2015 年深圳注册建筑师协会首届深圳建筑创作奖建成类铜奖

深圳京基滨河时代

惠州万科双月湾

深圳万科麓城（ 梦享家 1.0、2.0 系列 ）

长沙保利国际广场

深圳天安云谷一期

韩嘉为

C&Y 开朴艺洲设计机构 董事 / 常务副总经理

国家一级注册建筑师
深圳市住房和建设局评审专家
2017 年深圳十佳青年建筑师
2018 年深圳市杰出青年建筑师

感悟

我觉得建筑设计是最无章法可循的职业，它的功能要求我们懂人文，美感要求我们懂艺术，建造要求我们懂技术，所以设计灵感来源于知识积累和生活历练。

然而，互联网时代加速了几乎所有领域的认知和迭代，设计对价值的认知并不止于经济与社会层面，完成大学专业的理论知识学习只是基础，我从业后努力通过大量的项目实践和考察学习，去更好运用作品中的建筑语言表达文明的传承和东方的意境。

犹记得十年前，当我走出法国的 Poissy 小镇火车站，面对着地图一脸茫然的时候，路过的居民摇下车窗大声对我喊："Villa Savoye ！ This way ！"这就是伟大的建筑，对城市乃至整个建筑史所产生的巨大的影响，而建构场所，连接理性与浪漫，成为我终生奋斗的目标。

主要获奖作品

1. 银川市文化艺术馆新馆及老年大学合建工程 2017 年第三届深圳建筑创作奖已建成项目（银奖）

2. 南宁融创九棠府 2017 年人居生态建筑规划设计方案评选年度优秀建筑设计奖

3. 深圳中粮大悦城一期 2017 年第三届深圳建筑创作奖未建成项目（银奖）

4. 宜昌鸿泰天域水岸 2017 年第三届深圳建筑创作奖已建成项目（铜奖）

5. 中国南山（汤山）健康小镇总体概念规划 2017 年第三届深圳建筑创作奖未建成项目（铜奖）

6. 惠州大亚湾霞涌 2017 年第三届深圳建筑创作奖未建成项目（铜奖）

7. 中粮天悦壹号 2016 年第三届深圳市建筑工程施工图编制质量住宅类（银奖）

8. 中粮北京生态谷产业园 2015 年全国人居经典规划、环境（双金奖）

9. 西安紫薇公园时光 2015 年陕西省第十八届优秀工程设计（一等奖）

10. 中粮一品澜山花园 2014 年深圳市第十六届优秀工程勘察设计住宅建筑（二等奖）

11. 西安紫薇东进销售中心 2013 年世界华人建筑师协会设计奖

12. 西安紫薇曲江意境 2010 年全国人居经典建筑规划设计规划金奖，中国房地产最具创新竞争力示范楼盘

13. 西城上筑 2010 年深圳第十四届优秀工程勘察设计奖（三等奖）

14. 高能金域名都 2007 年经典人居住宅设计综合大奖，2007 年度 " 广厦奖 "（住宅类）

张家港建设大厦农村商业银行大厦

徐州行政中心

南宁融创九棠府　2017 年人居生态建筑规划设计优秀建筑设计奖

宜昌鸿泰天域水岸　2017 年第三届深圳建筑创作奖已建成项目铜奖

洪卫军

深圳市清华苑建筑与规划设计研究有限公司
集成所设计总监、项目负责人
高级工程师
国家一级注册建筑师

感悟

　　我认为建筑不是一个独立的、纯粹的艺术盒子，它不能只是某种特定形式的表现；建筑最终是供人们生活和使用的，它应是有实用性的、经济性的，是复杂的，是需解决本身各种内部和外部矛盾的，并为了特定的用途，在特定的地方，在特定的社会而建的一个综合性社会物体。建筑设计中，我喜欢先追求平面实际使用功能布置的合理逻辑性，而后才是与之相应的空间组织和立面形式的搭配；我们不能为了吸引客户眼球，一味去追求奇异造型、炫酷的材质而不管建筑的实际使用需求，与周边环境和城市的协调性如何等因素。我始终认为建筑是技术性、艺术性和经济性三者的结合体，它既要能在实际生活中满足人们各种使用需求，又要通过一定的艺术性满足使用者和观看者，给他们带来一定精神感悟和美的享受，同时经济性又是合理的，达到这三者平衡才是一个成功的建筑设计作品。

主要获奖作品

红树华府（深圳红树湾壹号）
　第三届深圳市建筑工程施工图编制质量金奖
央央春天
　2015 年度广东省优秀工程勘察设计奖工程设计二等奖
　深圳第十六届优秀工程勘察设计奖 公共建筑一等奖
紫瑞花园（半山道 1 号）

2015 年度广东省优秀工程勘察设计奖工程设计三等奖
深圳第十六届优秀工程勘察设计奖住宅建筑一等奖
喀什市深业丽笙酒店
　深圳第十七届优秀工程勘察设计工程设计三等奖
　首届深圳市建筑工程施工图编制质量铜奖

红树华府（红树湾壹号）

南昌央央春天

深业喀什丽笙五星酒店

紫瑞花园（半山道1号）

李媛琴

深圳市欧博工程设计顾问有限公司
副总建筑师、ARD 建筑发展中心副总经理

高级工程师
一级注册建筑师
深圳杰出青年建筑师
深圳市职业能力建设专家库专家
深圳大学硕士

感悟

从前期策划到设计落地再到项目运营，全程参与项目的生命周期是建筑师成长的必经之路。将美好的远景构思实现为精美实用的建筑群体，是建筑师一直追求和努力的目标。建筑是空间和技术碰撞的产物，将材料、技术与空间、效果完美结合，在可控成本和时间周期内将建筑完美呈现，是建筑师的职责所在。

硕士毕业 15 年，我一直从事建筑设计的一线工作。从简单的住宅项目到几十万规模的超高层综合体，再到百万以上规模的全球最大的会展项目；从普通建筑师到专业负责人，再到项目负责人、项目经理，我凭着对建筑的热爱和执着，不断提升着对职业建筑师的认识。面对不同的项目和职责，接受不同的挑战，饱含对职业的敬畏之心，我一直在路上……

主要获奖作品

1. 深湾汇云中心项目
   2016 年第二届深圳建筑创作奖铜奖
   第三届深圳市建筑工程施工图编制质量银奖
2. 水贝珠宝总部大厦项目
   第三届深圳市建筑工程施工图编制质量金奖
3. 兰江山地花园一期项目
   2015 年广东省优秀工程勘察设计工程设计二等奖

深圳国际会展中心

- 项目位于深圳宝安机场以北约 3km处
- 总建筑面积约157万㎡(含架空公共空间的核增面积);
- 整体地块由11栋多层建筑组成,主要功能为展览(约40万㎡)、登录及会展配套用房(包括展览服务、会议、餐饮、交通及地下厨房、安保用房等其他);
- 地下停车和设备用房等(约55.3万㎡)。

约1700m

约472m

- 登录大厅
- 展厅
- 会议中心
- 宴会厅
- 展厅及体育赛事
- 会议餐饮配套
- 交通
- 室外仓储及垃圾房

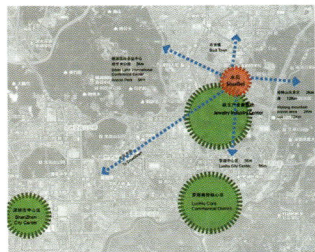

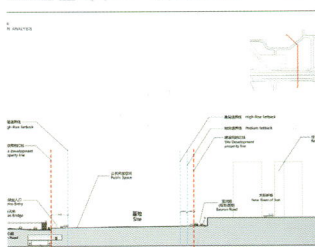

水贝珠宝总部大厦

深湾汇云中心

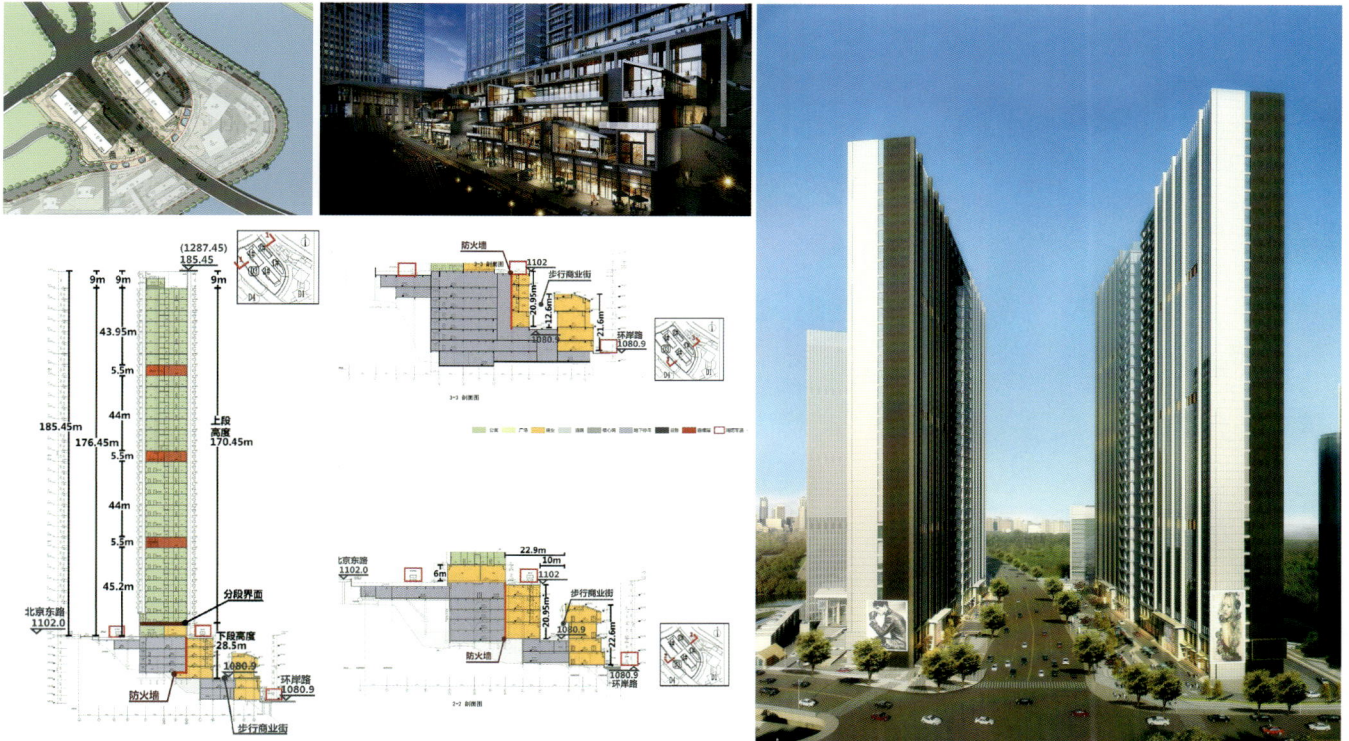

贵阳渔安·安井温泉旅游城未来方舟 D3 组团

实景照片

区位图

三层幕墙实景照片

塔楼顶部实景照片

塔楼平面图

首层平面图

高度: 231.5 m

工期: 28个月, 2004年9月 – 2011年12月

建筑总面积: 118000 m²

结构形式: 钢筋混凝土

项目地点: 卡塔尔多哈

承包商: CSCEC

建筑师: Ateliers Jean Nouvel

卡塔尔多哈超高层办公楼

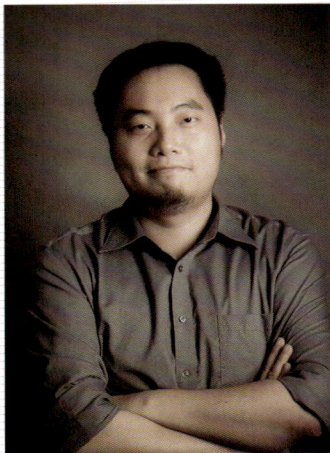

贺亚迪

香港华艺设计顾问（深圳）有限公司建筑事业一部总经理、
副总建筑师

国家一级注册建筑师
深圳市注册建筑师协会会员
深圳市卓越青年建筑师

个人感悟

2009~2014 年粗放的开发节奏，快速的城市化进程，对利益的追逐造成了大量资源的浪费和环境的破坏。节奏快得让人来不及谈诗和理想，充斥着无奈与内疚。现在癫狂逐渐回归理性，表面看像是行业开始下滑，实则是建筑行业的春天正在到来。尽管现在行业比较艰难，但是我觉得越是在这种艰难的外界条件下，获得的成绩和认可更能体现我们的行业价值。作为城市建设的重要参与者，我希望我能尽可能地在设计中把环境保护、文化传承、价值利益综合考虑，每一砖每一瓦都对得起建筑师这个职业。

个人特色

擅长办公、城市综合体、高端公寓等公共建筑类型设计与研发。

设计理念新颖有创意，且具落地实施性。沟通能力强，能充分了解业主意图并兼顾各方意见进行最优化方案设计。

主要获奖情况

1. 武宁新区旅游码头游客中心
   深圳市注册建筑师协会——2016 年第二届深圳建筑创作奖·银奖
2. 贵阳金融中心
   中国建筑工程总公司—— 2014 年中国建筑优秀勘察设计（专项 - 建筑方案）一等奖
3. 龙沐湾国际旅游度假区八爪鱼酒店
   中国勘察设计协会——2013 年"创新杯"建筑信息模型 (BIM) 设计大赛最佳 BIM 绿色分析应用奖一等奖
   中国勘察设计协会——2013 年"创新杯"建筑信息模型 (BIM) 设计大赛最佳 BIM 建筑设计奖三等奖

天津中海城市广场三、四期

中海济南华山西 E 地块

贵阳国际金融中心

宁夏中卫沙坡头
旅游新镇游客中心

深圳招商华侨城创想大厦

深圳宝安区沙井蚝塘工业区更新

梁绿荫

和华国际集团董事长、首席设计师	深圳市勘察设计行业协会评标专家
高级工程师	全国工商联不动产委员会专业讲师
国家一级注册建筑师	亚太商业不动产学院师生总会广东分会执
深圳杰出青年建筑师	行秘书长
深圳市规划国土委员会的评标专家	深圳高职院建筑系客座教授

梁绿荫先生是一位经验非常丰富的建筑师、规划师和室内设计师，在商业设计和住宅开发项目上有超过 20 年的经验，设计了许多在业界广受好评的经典作品，部分户型、立面设计以及绿色节能技术都成为当下深圳住宅设计的参考。丰富的设计经验，让他对于居住建筑的设计有着自己独特的见解，在保证居住功能的舒适性、实用性、便利性，创造令人愉悦的环境的同时，更加关注居住建筑的文化表达和住宅社区公共服务的人性化建设。

他善于挖掘和提升城市综合体的价值，对商业设计有很深的研究，并提出许多先进的设计理念，如"首层商业最大化，多层商业首层化"等街区商业设计理论，"购物中心带动街区体验商业发展"，"五大商业类型"的商圈设计理论。同时，他也致力于业界城市综合体设计的理论研究工作，并以编委的身份出版了《2010 年中国城市综合体专业研究报告》，目前也正在参与关于工业化住宅建设的相关报告工作。

梁绿荫先生始终秉承"优秀的建筑设计源于生活，高于生活，引领未来生活"的设计理念，为城市居民提供优质的居住环境和舒适的公共空间。

获奖情况

1. 2004 年荣获"中国优秀设计师"称号
2. 被"中国房地产细节展"评为"中国房地产建筑设计专家奖"
3. "圣淘沙·骏园项目"荣获"中国金房奖"及"深圳西岸人居经典奖"
4. "合肥百协大溪地项目"荣获"2004 年全国人居经典建筑规划设计方案建筑金奖"
5. "纯海岸项目"荣获 2006 年深圳市优秀工程勘察设计二等奖、2007 年获深圳市优秀设计二等奖
6. "深圳市侨香村经济适用房住宅区项目"获得 2011 年第四届华彩奖金奖，深圳市第十四届优秀工程勘察设计一等奖
7. "万科第五园五期 12 号楼项目"获得 2011 年第四届华彩奖金奖，深圳市第十四届优秀工程勘察设计一等奖
8. "佛山九鼎国际城项目"获得 2011 年第四届华彩奖银奖，深圳市第十四届优秀工程勘察设计二等奖
9. "宝能太古城花园"获得 2011 年第四届华彩奖铜奖，深圳市第十四届优秀工程勘察设计二等奖
10. "曦湾华府项目"获得 2011 年第四届华彩奖铜奖，深圳市第十四届优秀工程勘察设计三等奖
11. 2012 年获首届深圳市优秀项目负责人奖（国家一级注册建筑师）
12. "宝能城花园（东区）项目"在 2015 年全国人居经典建筑规划设计方案竞赛活动中荣获建筑金奖
13. "宝能城市公馆项目"在 2015 年全国人居经典建筑规划设计方案竞赛活动中荣获建筑金奖
14. "恒大天璟大厦项目"在 2016 国际人居生态建筑规划设计方案竞赛活动中荣获建筑金奖

恒大天璟

深圳中航城

深圳中航城

宝能城

华润城

宝安区福永街道凤凰第三工业区更新项目

后海宝能太古城

侨香村经济适用房

潘玉琨

曾任香港华艺设计顾问（深圳）有限公司副总建筑师

教授级高级建筑师

深圳市勘察设计行业卓越贡献专家

1962 ~ 1988 年在上海华东建筑设计研究院工作，任主任建筑师、高级建筑师。

1988 ~ 2005 年在香港华艺设计顾问（深圳）有限公司工作，任副总建筑师、教授级高级建筑师。

深圳工作期间曾任深圳建筑学会、深圳市注册建筑师协会理事、副秘书长。

获邀担任近百项深圳及外地投标及国际投标项目的方案、初设的评委。获邀参与深圳及外省市领导、外国公司对一些重要工程及规划之研讨。获邀参加深圳市对全市设计院工程质量审查及担任数届深圳市优秀工程设计、中建总公司优秀工程设计评委。在深圳期间多次参加中国建筑师学会学术年会、全国建筑与文化学术讨论会等各种会议，并发表论文。在中国、加拿大等一些主要建筑杂志、书刊、报刊发表建筑论文 40 余篇、建筑画约 500 幅。

入选"北京 1999 年国际建协第 20 届世界建筑量大会"，向世界建筑师介绍中国建筑师的出版物如下：

1. 《中国建筑师》（建筑师 170 人，深圳入选 7 人）
2. 《中国百名一级注册建筑师作品选》（每人 16 页篇幅，深圳入选 12 人）

曾主持并参与华艺公司投标中标、实施和获奖（省、市、中建公司）项目

深圳项目

华都园大厦（二等奖）

金田大厦（二、三等奖）

中国（深圳）国际人才培训中心暨海连大厦（三等奖）

深圳发展银行大厦（一、二、三等奖）

深圳市龙岗区政府大楼（一、三等奖）

深圳机场蓝天大厦方案（优秀奖）

罗湖商务大厦（二等奖）

深圳赛格广场（一、二等奖）

美加广场（三等奖）

艺丰广场、皇都广场、皇庭居、南油海福花园、万事达名苑（二期）等数十项。

外地项目

加拿大蒙特利尔假日枫华苑酒店（一等奖）

北京中国建筑文化中心（一、二、三等奖）

上海华生大厦、长沙汇华大厦、绵阳临园大厦、樊华大厦、广州光大花园、四川安县罗浮山温泉山庄、湖州仁皇山新区城市设计、湖州行政中心等十余项。

深圳发展银行大厦

深圳赛格广场

深圳火车站

深圳市龙岗区政府大楼

湖州行政中心

加拿大枫华苑酒店

钱伯霖

曾任香港华艺设计顾问（深圳）有限公司副总建筑师

一级注册建筑师

教授级高级建筑师

深圳建筑师终身荣誉奖

深圳市勘察设计行业突出贡献专家

1963 年毕业于南京工学院建筑系（现东南大学）。

1990 年 7 月 ~ 2002 年 12 月期间于深圳华艺设计公司从事建筑设计工作。

曾任公司华艺设计公司副总建筑师，期间曾主持项目深圳华民大厦、深圳国贸广场二期、深圳国际科技大厦（扩初）、深圳景轩酒店、深圳麒麟山庄，曾参与项目有深圳天安国际大厦（后期）、深圳市福田区政府办公楼、深圳创维数字研究中心、北京大学深圳研究生分院、深圳盐田南方明珠花园等项目。

曾获得市、省建委及中勘协等专业奖项，并参与华艺设计公司的 ISO9001 质量条例编写与认证。

北京大学深圳研究生分院

深圳创维数字研究生中心

深圳市福田区政府办公楼

深圳麒麟山庄

徐显棠

曾任香港华艺设计顾问（深圳）有限公司总经理兼总建筑师

教授级高级建筑师
国务院政府特殊津贴
一级注册建筑师

1936 年农历 2 月出生在江苏镇江市（祖籍江西赣州市）。

1958 年北京建设部设计院实习，参加北京国庆十周年北京十大建筑的建筑设计方案竞赛，如北京大剧院。

1959 年毕业于天津大学建筑系，同年分配到天津市河北建工厅设计院（现河北省建筑设计研究院）。

1983 年晋升为教授级建筑师，历任河北省建筑设计研究院副院长兼总建筑师；

1992 年获国务院政府特殊津贴；

全国建筑师学会创作委员会委员；

河北土木建筑学会副理事长；

河北省土木建筑学会会长；

调入深圳任香港华艺设计顾问（深圳）有限公司经理兼总建筑师；

深圳市建筑学会理事；

深圳市规划委员会建筑与环境委员会委员；

深圳市注册建筑师委员会会员；

2006 年获中国勘察设计协会颁发的"从事勘察设计 30 年以上为工程建设事业做出贡献"的荣誉证书；

2009 年 4 月深圳市勘察设计行业颁发首届有卓越贡献的资深建筑专家。

主持设计 6 万 m² 深圳金湖山庄，山地建筑难度大，获 1994 年第二届"建筑师杯"中青年建筑师优秀设计奖。

深圳"田园居"别墅区同样也是山峦起伏地形规划设计难度大，获 2001 年建设部优秀住宅和住宅小区二等奖（无一等奖）、深圳市优秀建筑设计一等奖。

深圳麒麟山庄二号三号别墅宾馆承担 1997 年香港回归接待特殊使命的任务，1999 年获广东省一等奖，深圳市第八届优秀工程二等奖。

主持深圳东门旧城改造设计、南海影剧院、小梅沙大鹏湾海滨度假别墅，2003 年获奖项目深圳翰宇生物医药园，等等。此外还承担一批重大城市建设国际项目的投标以及建筑设计方案咨询评审工作，参与第二届内地和香港建筑师资格互认工作。受建设部委托作为评审委员，评审有关晋升教授级的工作。此外参与一些招投标方案设计，如深圳特区报办公楼、航空业务办公大楼、福田区中心规划、武汉东湖宾馆方案、天弘山庄小区会所设计方案。作品曾刊登《人民画报》《当代建筑师五十名》《中国百名一级注册建筑师》《深圳中青年建筑师》《中国当代创业英才》，等等。

深圳麒麟山庄

深圳田园居别墅

深圳翰宇生物医药园

40
1978-2018

三、深圳杰出风景园林师

深圳杰出风景园林师名录

1 千　茜　　/392

2 夏　媛　　/396

3 徐　艳　　/400

4 庄　荣　　/404

5 沈　悦　　/408

6 程智鹏　　/412

7 黄剑锋　　/416

8 林俊英　　/420

千 茜

深圳大地创想建筑景观规划设计有限公司创始人、CEO

深圳市注册建筑师师协会副会长

国家一级注册建筑师

教授级高级建筑师

全国百强杰出工程师

首届"广东省工程勘察设计大师"评选园林专业唯一认定候选人

首届深圳市勘察设计行业"十佳青年设计师"

深圳勘察设计行业"优秀总建筑师"

深圳设计企业优秀管理者

广东省优秀工程勘察设计奖评审专家

深圳市工程勘察设计行业专家库专家

深圳市政府采购中心专家

　　千茜（原名何倩）女士拥有城市规划（风景园林）和建筑学多学科学历背景，从事专业设计工作30年，业务范围跨景园规划设计及建筑设计等多领域，主持完成国家及省市的重大设计项目超过百项，其中获国内外奖项50多项，有30多项曾接受党和国家领导人的视察和好评。论文及专著20余篇，具有良好的专业声望。独创提出的"生态经济综合体"理念，构建生态建筑景观的理论高地，体现生态文明理论和循环经济理论在园林景观和建筑设计中的应用，以独创性的设计，创造出人与自然相融共生的理想人居环境，体现出设计理念的创新和学术上的领先优势。

主要获奖项目

1. 第六届中国（厦门）园博园
   第十四届全国优秀勘察设计银奖
2. 罗湖口岸 / 火车站地区综合改造工程
   全国优秀勘察设计行业奖市政公用类一等奖
3. 深圳湾公园设计
   2013年度全国优秀城乡规划设计一等奖
   全国优秀勘察设计行业奖园林景观类一等奖
   国际风景园林师联合会 IFLA 亚太区第九届风景园林设计杰出奖
4. 大鹏地质博物馆
   全国优秀勘察设计行业奖公建类一等奖

5. 深圳大学生运动会体育中心景观设计
   全国优秀勘察设计行业奖园林景观类一等奖
6. 中国计量学院新校区工程
   广东省第十次优秀工程设计项目表扬奖
   浙江省建设工程钱江杯优质工程
7. 华侨城欢乐海岸景观（含北湖湿地公园）规划设计
   全国优秀工程勘察设计行业奖三等奖
   广东省工程勘察设计奖工程设计二等奖
8. 佛山市南海中轴线开放空间设计
   中国优秀工程勘察设计行业获市政公用工程二等奖

9. 深圳市水土保持科技示范园——金哲园
   第六次优秀建筑创作奖
10. 深圳北站综合交通枢纽景观设计
    第十一届中国土木工程詹天佑奖
    2012 ~ 2013 年度中国建筑工程鲁班奖
    广东省优秀工程勘察设计奖工程设计二等奖
11. 东莞松山湖高科技产业园景观设计
    全国优秀工程勘察设计行业市政公用工程三等奖
12. 深圳市大梅沙海滨公园规划设计
    广东省第十一次优秀工程设计一等奖

中国计量学院

中国计量学院新校区位于杭州市经济技术开发区高教科研城（下沙）西区，钱塘江西北岸。根据大学校园特定的功能和行为模式特点，规划设计充分考虑校园内的建筑和建筑群、道路、绿化、水面等环境因素，在建筑轴线和景观轴线上组织室内外空间，形成各种空间序列，相互汇合、渗透、转换、交叉，有机地结合在一起，构成以人的景观感知为中心的体验空间序列。根据校园空间肌理和形态特色，将理性与浪漫结合，由规则式的建筑、广场空间，通过转接、过渡的手法，与自然的多态水景空间融为一体，主轴线规整有序的景观强化建筑群体的空间感和内聚力，而湖区自由流畅的滨水空间和缓坡绿地又形成舒适宜人的休闲空间，将校园置于优美的环境中。

中国计量学院新校区教学楼

中国计量学院新校区全景

深圳湾公园

深圳湾公园位于深圳市西南部沿海，蜿蜒的深圳湾郁郁葱葱，像一条绿色的项链围绕在海湾之滨，闪耀在现代化城市和湿地之间，既为城市公共活动提供了绿色安全屏障，又成为红树林湿地保护区的延续和补充。深圳湾公园的设计建造，既为如何在公共活动最密集地段和生态高敏感度地段建立连接提供范本，为市民和游客提供集休闲娱乐、健身运动、观光旅游、体验自然等多功能活动的区域，弥补了深圳城区内长期看不到海的遗憾，又成为体现深圳滨海城市特色的、精华的，具有时代性、标志性和生态性的城市文化新名片。

深圳大梅沙海滨公园

　　大梅沙海滨公园地处深圳市盐田区大梅沙片区，依山傍海，与大梅沙海滨及周边度假酒店服务设施形成独具特色的以休闲、度假、观光为主题的大梅沙海滨景观。山·城·沙滩·海是大梅沙的总体规划格局，运用大尺度、大手笔的线形构图和丰富自由的空间处理，形成与海岸平衡的系列观景场地，形成由山向海渐次过渡的景观层次，从而达到山、城、海的有机统一，并向人们展示了大梅沙片区向海滨旅游城区发展的美好前景。通过景观元素的有机组合和特殊设计，结合建筑风格，营造"水街"特色，建设新兴风景旅游小镇，成为东部"黄金海岸"又一吸引人的亮点。

夏　媛

深圳媚道风景园林与城市规划设计院有限公司执行院长
原道研究所所长
总景观建筑师

教授级高工
广东省住建厅教授级高级评审委员会专家
深圳市勘察设计行业优秀总建筑师
深圳市土木建筑协会中青年技术精英
深圳市政府采购中心、规土委、住建局专家

从事风景园林规划设计工作二十余年，主持主管近百个项目，其中项目曾获国际风景园林师联合会 (IFLA) 主席奖，全国优秀勘察设计及广东省优秀工程勘察设计奖一、二、三等奖，新中国成立 60 年百项精品工程奖，詹天佑大奖住宅小区金奖等多项国际、国家、省市级奖。不仅仅在园林建筑领域创作实践丰富，而且在设计中注重园林、规划和建筑三大学科的有机融合，如：深圳市罗湖区笋岗—清水河子单元城市设计、广东省及深圳绿道规划设计的编制、深圳市水土保持科技示范园、深圳湾公园一期及二期景观设计、深圳世界大学生运动会体育中心景观设计、信息学院（大运村）景观设计及提升等，均获得较好的社会效应。个人曾获"深圳市勘察设计行业优秀（副）总建筑师""深圳市土木建筑协会中青年技术精英"等荣誉称号。参与《城市郊野公园规划设计导则》《珠三角区域（省立）绿道规划设计技术指引》《建筑师技术手册》《广东近代园林史》《动物园规范》等规范、导则、指引、手册的编制，其中《图解园林施工图系列》获中国风景园林协会科技进步二等奖。

主要负责项目

1. 第十一届中国（郑州）国际园林博览会规划设计
2. 深圳莲花山公园南大门
3. 深圳南山花卉世界建筑和景观改造设计
4. 深圳市水土保持科技示范园 4D 展示馆
5. 深圳湾公园景观建筑
6. 长白山国家自然保护区步行系统及休息点规划设计

第十一届中国（郑州）国际园林博览会规划设计　罗小勇　摄

深圳莲花山公园南大门　罗小勇　摄
广东省岭南特色规划与建筑设计评优活动岭南特色园林设计奖银奖

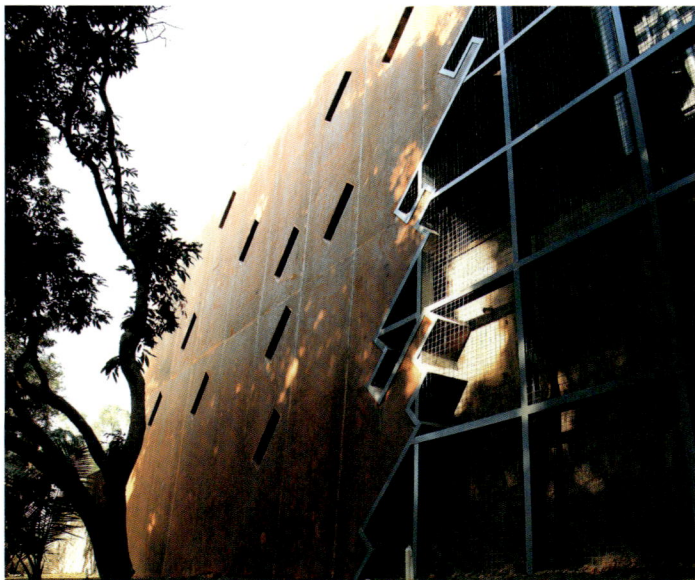

深圳市水土保持科技示范园 4D 展示馆　罗小勇　摄
国际风景园林师联合会亚太区主席奖
全国优秀工程勘察设计行业奖一等奖
广东省优秀建筑创作奖

深圳南山花卉世界建筑和景观改造设计　夏媛　摄

深圳湾公园景观建筑　罗小勇　摄

长白山国家自然保护区步行系统及休息点规划设计
全国优秀工程勘察设计行业奖一等奖、中勘协首届"计成奖"一等奖

徐　艳

深圳市北林苑景观及建筑规划设计院有限公司副院长、
总植物景园师

风景园林设计高级工程师

设计感悟

　　作为一名风景园林设计师，我们在项目中经常遇到的问题是协调人的需求与自然生态之间的矛盾，如何在两者之间找到平衡，创造舒适、生态和谐的人类宜居环境，是风景园林设计的重要目标之一。设计中，我会将自己对生命的思考带入到方案创作中，坚持生态都市主义思想，采用麦克·哈格的"设计结合自然"的设计方法，从复杂的生态关系中，整理出人与场地、人与动植物、场地与功能、场所与景观之间等不同生命体和非生命体之间的逻辑关系，开放、多视角地探索解决矛盾的系统综合的办法，使得使用该场地环境的人和动物都能在其中自得其乐、自得其所。因此，每一个项目，我们都应分析人和场地中其他生物在该生态系统中的生态位，做基于主要服务对象的功能和景观设计，借由艺术设计手法，将功能和景观有机结合，通过融入不同的参与或感知的体验活动，活化场地空间，营造和谐、绿色、有生命，能引发人思考的景观体系。

主要作品

东莞国家城市湿地公园资源评价及总体规划
深圳市水土保持科技示范园一期工程
深圳湾生态科技园景观工程设计
三亚白鹭公园规划设计

深圳市莲花山公园—晓风漾日、雨林溪谷景区工程设计
深圳市大鹏新区生态和生物资源保护发展规划研究
人居环境适用的观赏植物评价及高功效绿化配置技术研究与示范

东莞国家城市湿地公园资源评价及总体规划

深圳市莲花山公园晓风漾日、雨林溪谷景区工程设计

深圳湾生态科技园景观工程设计

三亚白鹭公园规划设计

深圳市水土保持科技示范园一期工程

庄 荣

深圳市北林苑景观及建筑规划设计院有限公司
副院长、总景观规划师
风景园林设计教授级高级工程师

感悟：天地赐我以风景，我还人间以园林

　　中国贡献了两个东西：三千年历史，讲政治经济，还有九万里江山，是诗画田园。无数的诗歌、绘画，传承着这个古老国度的生态观和时空观，我生在贵州黔南，山水间游走的快乐是童年最深的印记，初中起即随意涂抹打油诗自得其乐，大学志愿填报专业，想到能游游走走写写画画，于是首选风景园林，在我看来，这个专业涵盖两重意思：天地赐我以风景，我还人间以园林。天地生风景，风景是需要感知、评价、保护、引导、利用的；园林是整体设计的典范，从生活艺术到行为模式，从场地选择到建筑修建，从山石设置到花木栽植，从室内装饰到沙龙活动策划。园林是需要规划、设计、建造、使用、养护的。因此风景园林专业工作对象从山水评价到绿城绿乡，再到营造美好人居，厚德载物。

　　此外，好生态是好风景的必要条件，生态系统里，阳光、空气、温度、风、水、土、树木、动物、人类，彼此关联，随着科学技术的进步，人类的足迹不断拓展，全球气候变暖、雾霾、沙漠化、水资源短缺、物种锐减、贫困等问题彼此关联，互为因果。人间好风景，由天地生人四大要素构成，天时变化，地生山川，万物生长，人类进化，生生不息，需要业界达成共识，打造生态命运共同体。《中庸》有言：君子尊德性而道问学，致广大而尽精微，极高明而道中庸，一直奉为专业原则。

　　2005 年参与编撰《深圳市勘察设计 25 年 风景园林篇》，见证深圳风景园林发展的各阶段变化及时代特征。自 2008 年起有缘参与广东省从绿道到绿色基础设施系列规划设计工作，得以深入探讨生态文明和绿色发展的系列研究，从业二十多年，从规划到设计，从建造到花木生产，一直觉得学无止境，而知也无涯。是以一直在路上。

主要作品

绿道系统：《珠江三角洲区域绿道网总体规划纲要》（2011年度全国城乡规划设计优秀项目一等奖）

《深圳市罗湖绿道5号线提升及延长线建设工程》（2015年度全国优秀工程勘察设计三等奖）

生态修复：《深圳市关键生态节点生态恢复规划》（2013年度全国优秀城乡规划设计奖三等奖）

绿地系统：《深圳市坪山新区绿地系统规划》（深圳市第十六届优秀城乡规划设计二等奖）

美丽乡村：《南京美丽乡村江宁示范区规划》（深圳市第十六届优秀城乡规划设计一等奖）

《阳山县省级新农村连片建设工程规划设计》（深圳市第十七届优秀城乡规划设计三等奖）

河道滨水：《济南玉符河综合治理工程》（深圳市优秀城乡规划设计三等奖）

文化传承：《惠州丰渚园园林设计》（深圳市第十四届优秀工程勘察设计三等奖）

博览盛会：《第七届中国国际园林花卉博览会策划及概念规划》

《第四届广西（北海）园林园艺博览会主园区修建性详细规划设计》（深圳市第十六届优秀城乡规划设计三等奖）

公园规划：《东莞国家城市湿地公园生态园大圳埔湿地建设工程设计项目》（2015年度"计成奖"一等奖）

风景名胜：《梧桐山国家级风景名胜区总体规划2015-2030》（深圳市第十六届优秀城乡规划设计三等奖）

景观风貌：《深圳大鹏新区市容环境综合提升总体规划》（深圳市第十七届优秀城乡规划设计三等奖）

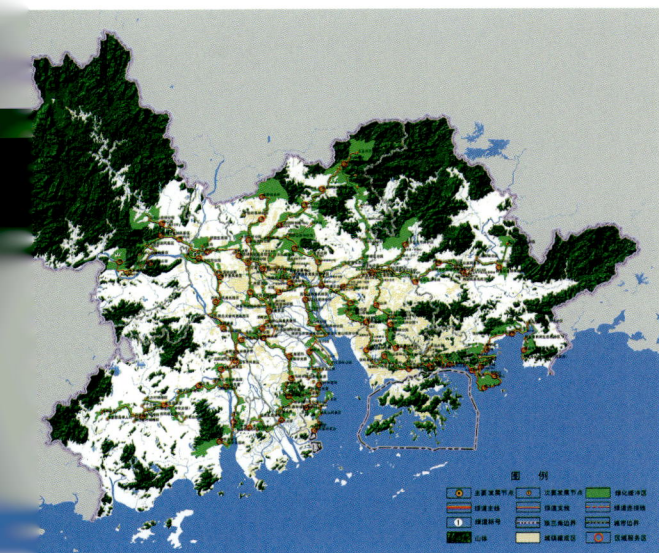

珠三角区域绿道网总体规划纲要

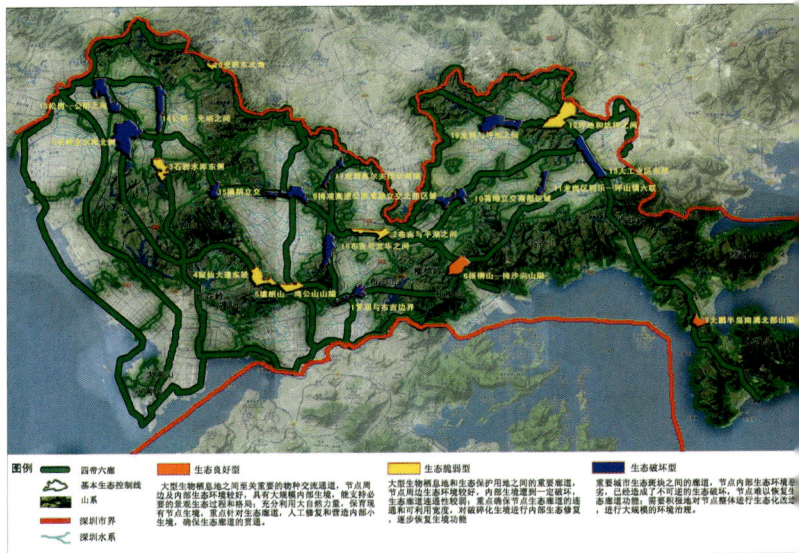

深圳市生态关键节点修复规划

惠州丰渚园园林设计

济南玉符河综合整治工程规划设计　苗萌　摄

山新农村示范片："七星伴月"规划设计　　深圳罗湖绿道规划设计

沈 悦

深圳媚道风景园林与城市规划设计院有限公司院长兼主持规划设计师

教授

日本东京大学风景园林学博士

日本风景园林规划设计界最高奖获得者

日本兵库县立大学大学院风景园林规划设计研究领域教务长，北京林业大学园林学院兼职教授，日本造园业 ISO9001 国际标准化审查专家，淡路景观园艺学校主任景观园艺学校专门员，日本都市计划学会关西部国际委员会委员，日本造园学会会员，造园作品刊行委员会委员，日本环境信息中心会员。在景观研究领域获日本园林学会最高荣誉奖（造园学会奖），景观设计领域获日本建设大臣奖。

20 世纪 80 年代主持设计了北京及全国各地的各种公园绿地。1986 年开始参与输出海外的景观设计并以设计代表的身份作全工期的施工监理，集图纸设计与现场施工经验于一身，先后获奖多次。1992 年赴日留学于日本最高学府东京大学大学院，取得博士学位后，先后于东京景观设计研究所，PREC 研究所从事公园绿地的规划设计，项目涉及东京、横滨、长野、福冈、冲绳等日本各地，从国立公园、自然公园、都市绿地、社区公园设计，到世博会景区规划、花卉博览会出展、旅游度假区的规划及设施设计，以及农村空间活性化、传统街区再生规划设计等多方面。在近几年，沈悦先生开始参与一些国内项目，以多文化圈互融的视点展开着独自的理念。在理论研究方面以景观形成论为轴心，在景观构成解析、城乡景观建设以及传统文化景观与当代设计融合的手法上有独到的成果，论著多数。

日本南淡路市福良地区旧商店街改造规划

　　主持设计的国内外代表项目有日本横滨动物园（ZOORASIA）、澳大利亚佩斯市政府前庭、日本兵库友好庭园、日本梦舞台之庭、日本兵库县淡路市田园景观长期规划与局部设计、日本兵库县立大学校园改造设计、日本兵库县淡路市花栈敷景观提升规划、日本播但连络道路景观调查与规划、日本淡路市住大岁街区公园、日本南淡路市福良地区旧商店街改造规划（进行中）、城西森林公园、北京市百旺公园、承德七家温泉度假村设计（建设中）等。

主要负责项目

1. 澳大利亚佩斯市政府前庭
2. 杭州市城西森林公园
3. 河北省承德七家温泉度假村设计

4. 日本兵库县立大学校园改造设计
5. 日本淡路市梦舞台之庭
6. 日本南淡路市福良地区旧商店街改造规划

日本兵库县立大学校园改造设计

日本淡路市梦舞台之庭

澳大利亚佩斯市政府前庭

杭州市城西森林公园

河北省承德七家温泉度假村设计

程智鹏

深圳文科园林股份有限公司副总裁兼文科规划设计研究院院长

高级工程师
武汉大学海绵城市研究中心专家
四川美院校外研究生导师
东北林业大学客座教授
深圳职业技术学院客座教授

广东省环境保护协会副会长
广东园林学会常务理事
深圳市勘察设计行业协会副主任专家委员
深圳市城市规划学会理事专家
深圳市福田区文化创意行业协会常务副会长

长期从事风景园林、生态环境规划的设计与研究工作，积累了丰富的实践经验；发表了《新时代大学校园的文化与生态景观初探》《中西方文化对当代园林景观实践的影响》等论文，编著出版了《海绵城市与园林景观》（主编）、《园林景观设计质量手册》（主编）、《生态文明建设探索与实践》（主编），《文化造园》（副主编）等多部行业工具书籍；荣获第二届国际景观规划设计大会"杰出中青年景观规划师"称号，项目获得勘察设计协会、规划协会等行业协会颁发的多项荣誉奖项。

程智鹏倡导"文化＋科学"作为规划设计的双驱动，主持过大量的生态修复、文化旅游、人居环境的规划设计及 EPC、PPP 项目的设计工作。主要业绩：澳门大学横琴新校区校园景观规划设计、深圳南方科技大学校园景观设计、吉林省长春市伊通河北段生态修复、钦州水环境规划、东莞松山湖高新科技产业园区景观规划设计、贵阳花溪国家湿地公园规划设计、遵义洛安江流域治理及螺江九曲湿地公园 EPC、长春伊通河北段湿地公园规划设计、韶山毛泽东故居区域规划设计等。

获奖作品

1. 东莞市松山湖高科技产业园景观，中国勘察设计协会三等奖
2. 深圳市南方科技大学景观，设计影响中国，十佳项目作品
3. 澳门大学横琴新校区，全国人居经典建筑规划环境金奖
4. 重庆市美丽京泽，全国人居经典建筑规划环境金奖
5. 东莞市松山湖高科技产业园景观，中国勘察设计协会三等奖
6. 遵义市洛安江流域生态文明区，艾景奖年度十佳景观设计
7. 大连市普湾新区沈海高速以东滨海景观带，全国人居经典规划金奖
8. 深圳市前海桂湾片区景观，艾景奖年度优秀景观设计
9. 孝感市星河天街，艾景奖年度优秀设计奖
10. 国际园林景观规划设计行业协会，杰出中青年景观规划师
11. 兴宁市神光山郊野公园，广东省优秀工程勘察设计二等奖
12. 深圳市观澜格兰云天大酒店园林景观，广东省风景园林优

良样板工程金奖
13. 兴宁市神秘山光郊野公园景观，广东省工程勘察设计行业协会三等奖
14. 深圳市新区大道景观提升，广东省工程勘察设计行业协会三等奖
15. 菏泽市水浒文化主题小镇，深圳市风景园林优秀规划设计规划类一等奖
16. 深圳市前海桂湾片区景观，深圳市风景园林优秀规划设计设计类一等奖
17. 《园林景观设计质量控制手册》，深圳市风景园林科技进步奖规范类三等奖
18. 深圳市龙华新区大道景观提升，深圳市优秀工程勘察设计一等奖

遵义市洛安江流域生态文明区

绥阳县洛安江流域生态文明区一期 2

深圳市前海桂湾片区景观

黄山市祥源齐云小镇

黄剑锋

SED 新西林景观国际总经理 / 首席设计官

毕业于深圳大学建筑及土木工程学院，并获得了瑞典皇家理工学院环境规划系工程硕士学位及高级工程师称号。一直致力于创造、研究、推广高品质的生活及生态环境的研究。作为行业专家，积极参与大量政府各级城市环境评审工作。以丰富的经验和规范的管理带领新西林团队为客户提供系统和完善的国际化专业服务。

主要获奖作品

1. 成都中海锦江城　荣获中国建筑装饰设计奖园林类二等奖
2. 太原万科金域蓝湾　荣获年度最佳预售楼盘
3. 深圳大冲旧改 B 区商业街　荣获年度最佳商业楼盘
4. 成都东原 SAC 四川航空广场　荣获年度最佳写字楼
5. 广州泰康之家粤园、惠州泰康拓荒牛纪念园　荣获 REARD 地产星设计大奖卓越奖
6. 聊城东阿阿胶生物科技园（厂区）、北京中海金玺公馆　荣获 REARD 地产星设计大奖佳作奖
7. 太原万科金域蓝湾　荣获美居奖年度优秀项目
8. 佛山中海山语湖　荣获 REARD 地产星设计大奖铜奖
9. 深圳中海天钻　荣获 REARD 地产星设计大奖佳作奖
10. 深圳坪山半月环公园　荣获坪山新区中心区设计竞赛二等奖
11. 深圳中海天钻　荣获全国人居经典建筑规划设计方案竞赛环境金奖；荣获国际顶级建筑认证 BREEAM
12. 上海华侨城·十号院　荣获华东赛区最佳别墅、年度媒体推荐奖第三名
13. 保利悦都　荣获中国最美公共景观
14. 香港启德河　荣获"启德河概念设计比赛 启德发展区"专业组第三名
15. 惠州金融街巽寮湾海尚湾畔度假公寓荣获全国人居经典方案竞赛环境金奖、美居奖华南赛区最美旅游度假区前三名
16. 江西宜春仰山国际温泉禅修中心、保利悦都悠悦会荣获全国人居经典方案竞赛环境金奖
17. 深圳万科天琴湾荣获亚洲最佳园林景观范例奖，中国内地唯一亚洲最高级别大奖；中国 100 金牌别墅、深圳市 10 佳金牌别墅，设计中国景观类优胜奖

深圳中海鹿丹名苑

重庆中海黎香湖

广州泰康之家粤园

华润大冲旧改 B 区商业街

香港启德河概念设计

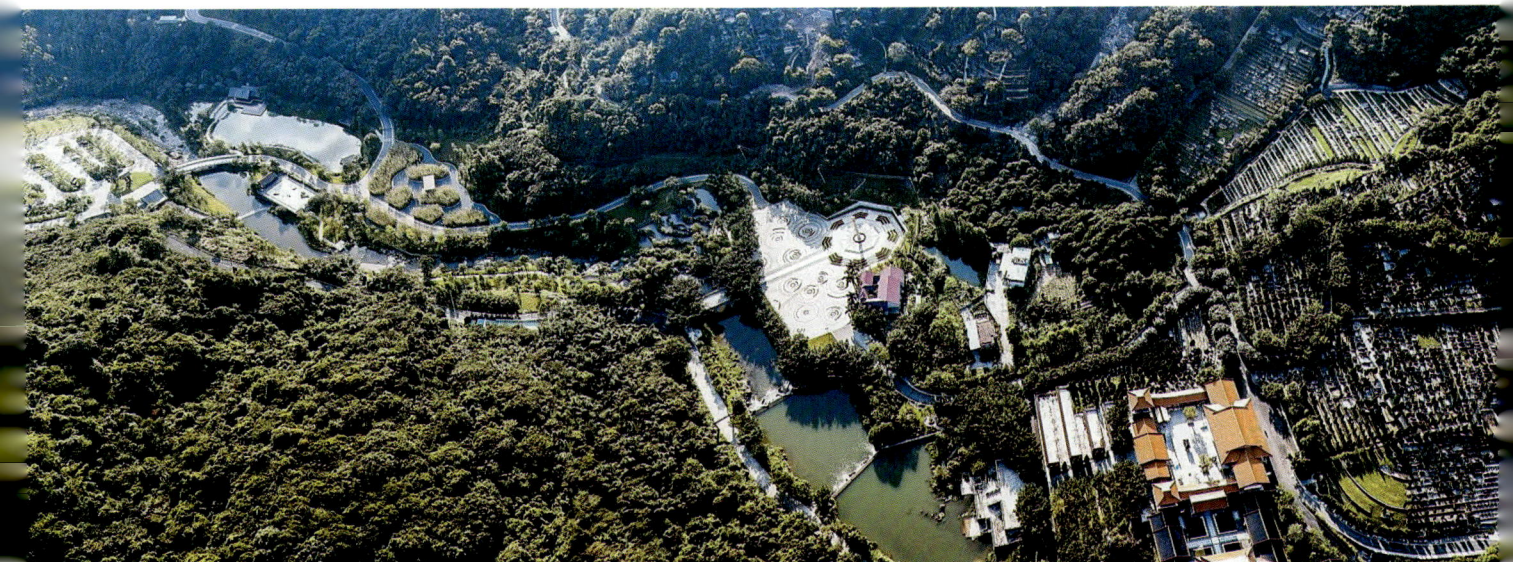

罗浮净土人文纪念园入口公园

林俊英

规划设计总院副院长
华南规划设计院院长首席设计师
杰出景园师
高级工程师

　　毕业于北京林业大学风景园林系，从业 20 多年以来主持完成一大批有重大影响的项目，并多次获得各种设计奖项。

　　2009 年 4 月荣获"深圳市首届十佳青年（风景园林）设计师"的称号。

　　2016 年 5 月荣获由中华人民共和国住房和城乡建设部颁发的第十届中国（武汉）国际园林博览会先进个人奖。

　　2016 年 12 月荣获首届"深圳市勘察设计行业杰出景园师"的称号。

　　2017 年 3 月荣获"2015~2016 年度深圳市三八红旗手"称号。

代表作品

深圳市红树林海滨生态公园及滨海大道景观设计
深圳市大学城三校校园区环境景观设计
珠海 2013~2014 年生态绿廊及生态节点提升与营建设计
第十届中国（武汉）国际园林博览会珠海园设计
盐城汉花缘·花样年华生态旅游开发设计
湖南常德桃花源景区秦溪秦谷旅游开发设计
贵州平塘射电天文科普文化园核心区环境设计

深圳市香蜜公园玫瑰专题园与花境设计
深圳市福田口岸"红纽带"公园景观设计
广东五华县人居环境综合整治设计
山东省滨州北海经济开发区水系贯通及综合生态治理设计
中国蕉岭大健康特色城镇概念规划
中国长潭桂岭硒谷特色小镇概念规划
广东梅州西阳镇林风眠艺术特色小镇概念规划

深圳市香蜜公园花境设计

深圳市红树林海滨生态公园

深圳市香蜜公园玫瑰专题园

深圳市红树林滨海大道景观设计

深圳市香蜜公园玫瑰专题园

湖南常德桃花源景区秦溪秦谷旅游开发设计

深圳市福田口岸"红纽带"公园景观设计

设计源于对场地精神的尊重与挖掘，遵循"景由境生"的原则。此刻脑海中立即浮现出"红纽带，深港情"的创作灵感，迅速提炼出以两地市花紫荆、勒杜鹃与深港情谊文化为设计主线，贯穿全园，并以人为本，为使用者提供等候休息场所，体现人文关怀，从而打造出既是一个形象展示窗口，又服务于民的精品街心公园。

中国勘察设计协会 2017 年度"计成奖"二等奖。

珠海园占地约 2055m²，设计概念出自《浪漫珠海》这首歌曲的表达和对珠海这座城市的五个印象而展开：美丽之城、山海之城、百岛之城、浪漫之城、幸福之城。

设计主题为"山海岛园、浪漫珠海"，平面创意来自抽象的玫瑰花、紫荆花与溪岛图案的完美融合。整个园区结合花溪、礁石、岛屿、水雾、小品、植物等营造出浪漫、梦幻、宁静、自然的神秘气质；溪水潺潺、花开花落、四季轮回形成"粉黛碎花漫飞舞，爱在溪岛浪漫时"的空间意境。

珠海园是对珠海自然、历史、人文、气质的展示，它将珠海山的秀美、海的宁静、岛的精致和人的风情浓缩到一座精巧的园林中，带领游人认识珠海，了解珠海，爱上珠海……

荣获第十届中国（武汉）国际园林博览会室外展园综合金奖、展园设计优秀奖。

第十届中国（武汉）国际园林博览会珠海园设计

第十届中国（武汉）国际园林博览会珠海园设计

贵州平塘射电天文科普文化园核心区环境设计

编后记

　　40 年春风化雨，40 年众志成城，40 年砥砺前行。在中国共产党的坚强领导下，深圳从一个默默无闻的边陲小镇发展为具有强大竞争力的国际化创新型大都市。深圳的崛起，用铁一般的事实昭示了中国共产党人的伟大觉醒，印证了改革开放是坚持和发展中国特色社会主义的必由之路。

　　一座城市高度浓缩一个时代精华，而建筑则是城市发展的里程碑，是历史的博物馆。建筑设计是城市建设的先行者，哪里有建设，哪里就需要建筑设计。一批批的创业者，为改革开放事业奉献了青春和热血。深圳城市面貌翻天覆地变化，从当初小镇里最高楼仅有 3 层，到如今超过 100m 以上摩天大楼已有近 1000 栋，道路里程超过6000km，地铁通车里程 297km，拥有近千座公园，被誉为"公园之城"。而这些令人赞叹的建设成就，许多都出自我们深圳设计师之手。

　　40 年岁月峥嵘，风险与成功相伴，坎坷与荣光相随，有一种力量贯穿深圳城市发展的始终，这就是接力攀登、永不言弃、勇创一流的创新精神。创新，正是深圳建筑设计之魂！

　　追昔抚今，继往开来。今天我们编撰《改革开放 40 年深圳建设成就巡礼系列丛书》（包括建设成果篇、城市设计篇、杰出人物篇），就是要铭记创业者的功勋，传承深圳改革创新的精神，激励大家满怀热情地投入到新一轮改革创新中去。

　　《改革开放 40 年深圳建设成就巡礼系列丛书》的编撰工作始于 2018 年 2 月，历经组建队伍、拟订篇目、搜集资料、编写大纲、撰写初稿、总撰合成、评审修改几个阶段，数易其稿，不断总结，逐步提高。

　　在《改革开放 40 年深圳建设成就巡礼系列丛书》中，以设计理念的创新为主线，概括论述和提升深圳各个时期设计的理论和风格。以工程实例为主体，实事求是地记述了在不同的历史时期所完成的建筑工程设计任务，反映了各个时期的设计标准、规模、技术水平和随着时代步伐及科学技术进步而发展的轨迹。本系列丛书主要反映了深圳建筑设计行业技术人员为深圳市和外地所做出的主要业绩，也部分地包含了外地和国外设计机构在深圳市合作完成的若干代表作品。

　　《改革开放 40 年深圳建设成就巡礼系列丛书》涉及建筑、市政、园林等专业，有为深圳建设作出杰出贡献的工程师、专家、学者。资料浩瀚，专业性强，编撰有很大难度。为此，编撰委员会组织了全市主要设计单位的领导、专家、工程技术人员百余人参与此项工作。深圳市住房和建设局、深圳市科学技术协会、深圳市福田企业发展服务中心对编撰全过程予以指导。我们还特邀请了华南理工大学建筑设计研究院、广东省建筑设计研究院参加编审工作。各章总论、工程实例等由深圳市 22 家参编单位所派出的总工程师执笔编撰。

通过查阅文献、档案、典籍，摘录有关史料，搜集汇编数十万字的文字资料，大量图纸、照片，《改革开放 40 年深圳建设成就巡礼系列丛书》的编撰有了丰实的资料基础。

为了编撰好《改革开放 40 年深圳建设成就巡礼系列丛书》，各参编单位以编撰工作为己任，在人力、物力、财力上大力支持。各篇章编撰人员呕心沥血，辛勤耕耘，终于完成书稿。书稿的撰成，凝聚了众人的智慧和汗水。在此，我谨向为本专辑作出贡献的建筑设计单位和个人，致以真挚的谢意。

在《改革开放 40 年深圳建设成就巡礼系列丛书》编撰和审改期间，得到许多顾问、专家，各院总建筑师、总工程师的热情帮助、悉心指导，在此一并表示衷心感谢。

虽然我们殚精竭虑，谨慎其事，但由于缺乏经验，水平有限，疏漏错讹之处在所难免，恳望读者批评指正。

张一莉

2018 年 8 月 18 日于深圳

图书在版编目（CIP）数据

改革开放40年深圳建设成就巡礼．杰出人物篇/张一莉主编．—北京：中国建筑工业出版社，2018.8
ISBN 978-7-112-22479-1

Ⅰ.①改… Ⅱ.①张… Ⅲ.①社会主义建设成就－深圳②先进工作者－生平事迹－深圳 Ⅳ.①D619.653②K820.865.3

中国版本图书馆CIP数据核字（2018）第166102号

责任编辑：费海玲　张幼平
责任校对：党　蕾

改革开放40年深圳建设成就巡礼——杰出人物篇
主编　张一莉

*

中国建筑工业出版社出版、发行（北京海淀三里河路9号）
各地新华书店、建筑书店经销
北京方舟正佳图文设计有限公司制版
广州市一丰印刷有限公司印刷

*

开本：880×1230毫米　1/16　印张：26¾　字数：536千字
2018年9月第一版　2018年9月第一次印刷
定价：248.00元
ISBN 978-7-112-22479-1
　　（32300）